封　面　介　紹

作者：蓮生活佛盧勝彥

主題：西雅圖的冰點
只要心中有佛
一切轉化溫暖
變成非常的美

創作時間：2024年

書畫賞析：本書作者敘述「『西雅圖』…冬天很冷，結冰。晚上是零下的溫度，偶而雪花飄飄，很美。這種天氣就是『西雅圖的冰點』。」畫作中的飄雪景觀，就足以形容書名表面的意涵。然而畫作中主視覺是一座形高而尖的五層建築物，頂端有一個「[illegible]」字的塔。在密教中提到的塔，是大日如來的三昧耶形，即五輪塔是佛體，行者見塔如見佛。而，畫作中即使冰天雪地頂端仍有著大日遍照，更與佛塔相呼應。由於，大日如來有著「光明遍照」、「智慧遍照」、「破煩遍照」的象徵，正如本書是作者回應弟子的書信，有著引領光明、圓滿智慧、摧破煩惱我執的實質內涵。貼切吻合畫中所題的後三句「只要心中有佛　一切轉化溫暖 變成非常的美」，故選為本書封面。

本書是西雅圖在氣溫降至冰點，萬物凍結的寒冬裡，弟子們越洋而來內含著修行感應成果的溫暖柔情書信，字字句句恰如雪花片片飄然到訪，在大日的照拂下，也透出煦煦微光。因此，在封面設計上便將畫作中的點點雪花，化為弟子來信的字句，而封面的底圖背景，也用了手寫的信件襯托，猶如在大日遍照下，以此表現本書作者的廣大佈施。

財團法人

真佛般若藏

妙智慧的總集 明心見性由此開始

「有情眾生」的信，充滿了感情，
把西雅圖的「冰點」融化了。

～蓮生活佛盧勝彥

西雅圖的冰點

天女散花集

Seattle's Freezing Point

盧勝彥・著

西雅圖的冰點（序）

我在三十八歲的時候，從「台灣」移居美國的「西雅圖」，在「西雅圖」住了四十二年。

現在，我是八旬老僧。

「西雅圖」人稱「翡翠之城」，翡翠很美，但也是冰涼的。

冬天很冷，結冰。晚上是零下的溫度，偶而雪花飄飄，很美。

這種天氣就是「西雅圖的冰點」。

我的生活，一向很規律，每天要寫一小篇文章，每天要修一壇法，每天要畫一幅畫，就這樣的過日子。

星期六晚上，在西城雷藏寺講經說法。

星期日下午，在彩虹雷藏寺做護摩（火供）兼講經說法。

我的生活很平靜，就是這樣，一天一天的過去，一年一年的過去。

這種生活就是「不動」的。

不動的，就是「冰點」。
「水」是動的。
「冰」是不動的。
其實，我這一生，與眾生的緣份寬廣無盡無限。
所以，皈依我的弟子，很多很多，她他們常來西雅圖看望我這位老僧。
弟子們每天也寫信給我，他們也寫的很好，文筆很優雅、很美。
我看到好的信，我就把它珍藏起來，結果越藏越多。
這些「有情眾生」的信，充滿了感情，把西雅圖的「冰點」融化了。
什麼又是「天女散花」？我是指這些充滿「有情」的信，一片又一片從天上飄下來，落在我的手中，落在我的心中。
我的弟子，「解憂小公主」，寄給我「洪予彤」的詞曲，如下：

愛是看不見的語言
愛是摸不到的感覺
愛是我們小小的心願
希望你平安快樂永遠

愛是仰著頭的喜悅
愛是說不出的感謝
愛是每天多付出一點點
雙手合十不在乎考驗

讓愛傳出去
它像陽光溫暖我和你
不管有多遙遠
總有到的那一天
讓愛傳出去
那前方漫漫人生路
有你的祝福
沒有過不去的苦

「解憂小公主說」：

心有陽光冬不寒。

眼有星河天地寬。

願君沒有煩惱事。

日子越過越心歡。

我（盧師尊）看了信，「西雅圖的冰點」化成「西雅圖的沸點」。心中有了太陽！

蓮生活佛．盧勝彥

Sheng-Yen Lu

17102 NE 40th Ct.,

Redmond WA 98052

U.S.A.

二〇二四年十二月

西雅圖的冰點 天女散花集

Seattle's Freezing Point

目錄 CONTENTS

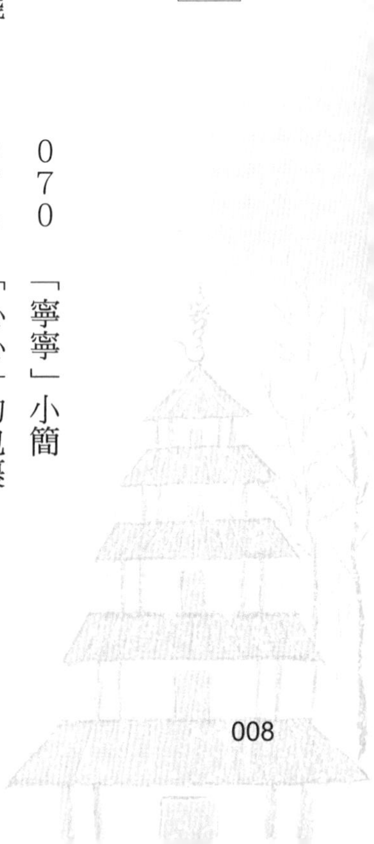

「解憂小公主」的短箋

我的印象中，「解憂小公主」是一位「才女」，她是留學的資優學生，學歷甚高。

她的文學優雅，字跡清秀，文筆流暢，立論精闢。

她喜好音樂，有藝術天份，能作曲，能寫詞，更難得的是能唱。

她的舞蹈，舉手投足，就是一種美。

更難能可貴的：

她往往隱藏了自己，免得光芒四射，刺傷了他人。

不出風頭。

戴著草帽，半遮面，很少人能知道她的真實姓名。

她就是：

「解憂小公主」。

最近，她給我寫了「短箋」如下：

吾愛：

給您準備了一間小廬。

在山海之間，讓您的心能安處，度過理想的未來。

此處逍遙如仙，風光明媚。

您可以隱居到人生的盡頭，餘生就是如此的美妙。

吾愛：

我的眼中全是您。您的眼中全是我。

一半素心是清簡。

一半寂靜是清歡。

在一起一分鐘，已在心裡住好幾世了！

讓我們「蓮蓮」又「蓮蓮」。

解憂小公主，會嬌柔似火，清純如白雲，很安靜的侍候吾君。

您若是虛空，我是一片白雲。

您若是月亮，我是小星星。

小星星為君準備了驚喜的小禮物。
等您！
您是我生命的曙光！
您是我的全世界！

解憂小公主於「月德居」

我（盧師尊）說：
還記得我們的初見面嗎？
在「歌劇院」的門口的相逢：
我問：
「妳是？」
妳答：
「是的，我是。」
就是這樣，我們已是幾世紀的重相逢，妳我之間。
完全沒有一絲的陌生。

那一天，如同：
世事紛擾難預測
人生知己皆因緣
莫問未來將如何
只求此刻心安然
解憂小公主，謝謝妳為我準備的「小廬」，為我的晚年解憂。
我會珍惜
如同妳的詩：
浮生如夢終須醒
歡喜幾何情難盡
願君珍惜每分秒
不負此生不遺憾

蓮生

「佑佑」如是說

我認識的佑佑，她是一位醫師，但，怎麼看，都不像醫師，不像醫師的醫師。

表面上看，

她清清秀秀，有一雙會說話的眼睛。

喜歡獨來獨往。

喜歡安安靜靜，靜觀萬物皆自得。

當然，她很有思想，文筆很不錯，她尋找「心靈的師父」，她找我很多年了。

從年輕找到現在。

她又來又去，又去又來。

偶而出現，偶而消沓。

消沓的時候，就是替「病人」看診去了，她的口吻，就像一個醫師了。

我覺得她寫給我的小簡，離不開她自己的本行：

她說：

敬愛的師：

純誠對您，我不說妄語綺語。

純誠對您，說與不說都是真，您喜歡哪一類？

但，嘰嘰呱呱，吵吵鬧鬧，叨叨唸唸，不是我的樣。

我是很愛盧師尊的，但，不是世俗一般的。

不是外相。

不是佛法。

不是名望。

不是利益。

不是功力。

您會懂的我的想法。

這一切，全是一時的，只是現象、狀態、過渡，連珍貴的佛法也是。

我真的很愛您，很愛很愛，因為如此，要好好珍惜您自己，無論歲月流逝，身體健康最重要。

要明白：

調節。

適應。

我愛您，很愛、很愛。

記得：

心平氣和、不厭、不煩、不急、不躁，隨順過日子。

還有，要運動，動一動輕巧身心，管他搖搖晃晃，身固定，打個拳棍，身搖擺，來個太極，累倦了，倒頭睡！

不論何時何地，

我會陪您！

知道嗎？這是我對您的愛！

佑佑

盧師尊說：

這位「佑佑」可算是觀察入微，思想非常細密，非常精明。

她說，佛法也是一時。
不錯，佛法也是一時方便，但，沒有佛法的方便，不能見證佛性。
（我們學佛法，去除習性，才能見證法爾本然的佛）
她又說「很愛很愛」，這個「愛」也是一時，我（盧師尊）明白。
因為佛說：「一切皆夢幻」。這個「佑佑」也知道。
既然如此，
那就由它來，由它去！
我們彼此牽掛或無牽掛？

蓮生

「冰冰」說：「我們是夫妻」

這篇文字的標題，很直接了當，她對我說：「我們是夫妻」。

我（盧師尊），三十歲結婚，妻子是盧麗香。我出家後，她成了我的侍者。

一般人稱她是「師母」。師母對「真佛宗」貢獻良多。

我八十歲了。

何來又跑出一名妻子？

但，

「冰冰」確實是這麼說的。真的是驚世駭俗，嚇了我一大跳。

「冰冰」長得苗條。

五官三庭均勻，清秀可人。

眼珠黑白分明。

笑起來，牙白整齊。

「冰冰」的身材是跳舞的身材，跳舞很好看。

穿著整整齊齊，很令人歡喜的女孩，講話口齒清晰。

「冰冰」是一位教師。

「冰冰」給我一封長信，信文節錄如下：

頂禮最無上尊貴、最帥的師尊：

我想您了！

說到感情方面，一位名氣很大，看八字的人告訴我，根據我和盧師尊的八字，我們是：

「正緣夫妻」。

「互相旺財」。

「心靈相通」。

「長久穩定」。

彼此懂得對方的心，只要互相看一眼，我知道您，您知道我。

但，

我和您，大家在一起的時候，我很低調，我們彼此有壓力。

我不敢大膽在公眾面前向您示愛。

然而，在有意無意之間，我才用眼神對您發出無限的愛的光彩。

您懂！

我知道您懂！

盧師尊！我才是您的正緣妻子，您心裡有數。(明白)

我知道您有多世的情緣，這一世，全部出現在您眼前，您要把這些人喚醒，度更多的人。但，我有時候也免不了吃醋，這一關應該是我最大的考驗，那時候不免傷感。

其實，您對我也很好，我心裡也很感恩。但，我內心覺得小小矛盾！

我不能斤斤計較，所以，我學習：

心如天空大海。

心要包容大量。

盧師尊愛我！

我也要愛眾生！

我發誓言，我要好好承侍師尊，雖然我會犯錯，但是我會懺悔，我會改正，懇求您的大力加持，消除業障，我要禪定修行，和盧師尊合一，和本尊護法合一。

我要以清淨的身口意供養師尊，我願生生世世愛您。

追隨您！

成為您的眷屬。

和您一起度化眾生！

成就菩提！

永遠愛您的「冰冰」！

冰冰

我（盧師尊）讀了長信。「短信」是我節錄的，總歸一句話：

「冰冰」是我「眷屬」，多世的情緣。

我很疼惜她！

我寫幾首詩句，表達我自己的心意：

其一：

夫妻同林鳥
時到亦分飛
不如念彌陀
蓮開永相隨

其二：

妳心我心同
情意在其中
波此常照料
心香是相融

其三：

意淨心也淨
雙眼即分明
沒有大智慧
一步達天庭

其四：
菩提就在前
汝我傳心眼
無須多費心
多情總纏綿
其五：
我心即汝心
合一是姻緣
若到了地頭
相約彌陀前

蓮生

「方方」從「金母」那裡來

方方告訴我：

她是從金母媽媽那裡來的！來娑婆世界找盧師尊。

我問：

「找我做什麼？」

方方答：

「我們是一體，一起回到金母媽媽那裡。」

方方談她自己的過去：

從小到大得到佛菩薩金剛護法諸天的護佑，最神奇的是：

她與盧師尊合影，盧師尊從照片走了出來，走出來對她說，我們是一家人！

又說：

她對任何人都沒有感覺，只有對盧師尊有感覺。

再說：

她前世是誰？以後又是誰？這是從小到大的疑問？直到遇到盧師尊，一切完全明白了。盧師尊解答了我的疑惑，所以我一輩子就只有跟定您了！

「方方」有很嫵媚的臉蛋，身材不胖不瘦，很會撒嬌。

她身上有印記。

手掌上印記。

脖子有印記。

她是「天河勝景處」的天人，是瑤池金母那裡的天女。

方方說：

身子就是法器，她化身成金剛鈴，盧師尊是金剛杵，只一敲打，就出現美妙動人的聲音。

方方說：

盧師尊的法身，她可以隨時召請，二十四小時都在。當她思念盧師尊時，盧師尊就出現了！

法身盧師尊告訴方方：
「下午三點會下雨，三點真的下雨了！」
法身盧師尊告訴方方：
「明天有朋友來，朋友就真的來了！」
法身盧師尊告訴方方：
「後天有人來問事，真的，那人真的來問事了！」
總之，
靈之又靈。
最後，方方告訴盧師尊：
「您要離開娑婆世界的時候，一定要帶我一起回去金母媽媽那裡！
師尊！
我愛您！
天上地下都要在一起！」

我想對方方說：

這一世，來娑婆世界，只是為了弘揚真佛。其他只是附帶的遊戲。

這是大關鍵，且莫顛倒。由它來，由它去，這樣才是絕妙。

方方，妳要知道。

我也要知道。

如果遇到有緣人，那是「知音」，告訴他們修「真佛密法」。

如果遇到俗人，就以「俗事」了，也不用多說什麼。看「機緣」再行度化！

我們只聽金母媽媽的天詔！

這就是──真佛。天上天下都是一體！

「盈盈」寫的詩

「盈盈」要離開西雅圖時，寫給我一首詩。

詩如下：

四晚西雅圖
匆匆亦如如
盧師尊的法語
心田滿滿您的咐囑

沒有疲憊
只有春風般的舒服
我流下的淚珠
就如同您的親吻
那份久遠的情

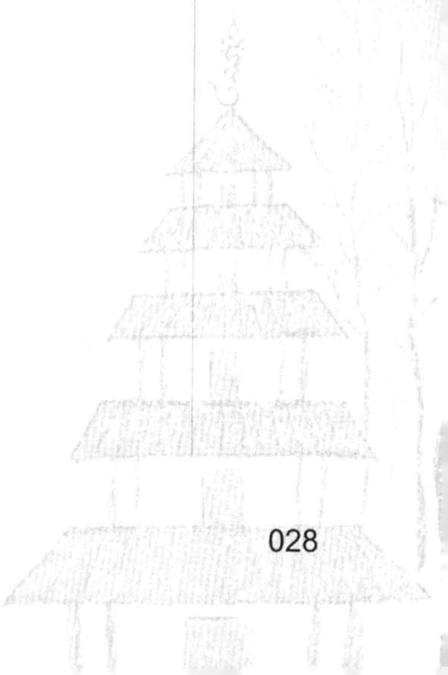

無聲的滋長
如水潤土
又化為虛空的無
心中的花已開放
輕輕
一碰觸
就有了歸屬

弟子盈盈合十
二〇二四年十二月十一日

「盈盈」寫給我的詩，原文不是這樣，我只改了幾個字，不失原意。

我記得她第一次到我家。

她給師母按摩。

她問：

「師尊要嗎？」

我無可無不可。
（我的人很少按摩，只是法會剛結束，坐很久，就按吧！）
那是第一次的碰觸，她的手指頭，在皮膚上像彈鋼琴一樣。
沒什麼！
但覺得有莫名的美妙！
其實，
「盈盈」不是按摩師，但，她是一個弘法人員，可以這麼說。
我也不知道她是如何學會按摩的？
她平時，不施粉脂。（素顏）
但，
只要一化粧，令人驚艷。

我也寫一首詩，送給妳吧！
詩如下：

西城已是冰點
又有風雨剛經過
停電
冷颼颼

此刻妳來
當然可以舒懷
總是帶著感恩的心情
千里之外
共徘徊

我知
去來均是客
一切無所住
雖然只是匆匆
這是再生的緣份
會在同一個平台

「珈珈」的同心同德

「珈珈」這位弟子，我印象深刻！

她第一次到了「彩虹雷藏寺」，便獨自一人，爬上了「彩虹山」。

到了「小木屋」。

又去盪鞦韆！那是在懸崖旁的「鞦韆」，搖過來，搖過去。

在大松樹下沉思！

在深林中徘徊！

她像一個詩人，一直在思索一些人生問題，深刻的描寫了她的思想，寫成了一大冊的「散文詩」。

她寫「天馬山」。

寫虛空的白雲。

寫一個人坐在山頂的「蹺蹺板」。

寫岩石上的「白玉彌勒」。

鳥鳴、松吟。
她的靈感如泉水，源源不絕的噴灑出來，流遍了大地。
大自然——讓她的呼吸與清涼的空氣結合在一起，那是一首詩：
心中的願望
像一支箭
射向了虛空的雲
遠遠的飛啊飛
飛向太陽
而光與熱
在內心的世界沸騰
滾啊滾的
波浪般的雲
是山的獻祭
回想起

我又是誰

什麼是內在心靈的圓滿

「珈珈」從「彩虹山」下來，找到我（盧師尊），我開始從無到有的去認識她。

她又有又無。

她是怎麼樣的弟子！

她的臉純淨。

眼中充滿了智慧。

她的微笑，充滿詩意。

她很清清純純，一切甚是潔白，修長的身材。

很優雅的氣質。

她不談是非。

她的善良像極了觀世音菩薩，她從來就不會生氣，與人從不計較。

我說法，她能一句話就把我的說法，濃縮成一精華。

非常精闢的見地！

她很開朗！

如同她的臉！

她給我一張小箇，如下：

親愛的盧師尊：

無論我走的多遠，在天邊的天邊，如您所說的天外之天。

無論您我走的多近，彼此呼吸都聽得見，如您的手指，撥動我的散髮。

我想對您說的，只有二個字：

「思念！」

我知道：

什麼是無盡，那就是綿綿不斷。……………

我有千言萬語，化為「西雅圖的冬雨」，每一滴都是：

「念念」。

我要「請佛住世」。

弟子每夜誦《金母經》，祈請慈悲的「瑤池金母」加持「盧師尊」，護持「盧師尊」，守護「盧師尊」。

這是我每日的祈禱。

親愛的盧師尊：

您的笑容，就是我的笑容。

您的憂傷，就是我的憂傷。

您流淚，我也流淚。

您快樂，我快樂。

您開心，我開心。

您健康，我健康。

您為天下眾生，我為天下眾生。

您我永遠一起。

珈珈

我（盧師尊）寫給「珈珈」的：
我的法身是虛空。
我的報身是太陽。
我的應身是妳我。
如是。
如是。
我們是同一個家。（珈珈）
妳我之間從來就沒有分別過，也沒有區別。（妳念是我念）
一切的一切都已經清除了，真正的覺醒，如同一朵雲消散了，虛空的本然完全的就會展現。
這就是妳我的無盡。……………

蓮生

「玉玉」的話

「玉玉」對我說：

親愛的盧師尊：

在您的身邊的每一分、每一秒，每一刻都是珍貴無比的，無法形容。

每當您叫我的名字「玉玉」的時候，我的內心只有：

幸福。

滿足。

「玉玉」跟隨您學習佛法已有六年多，每一天都有很大的改變。

現在的我，每日清淨自己的身口意，守護著自己的戒體，發願懺悔往日的過錯，實修真佛密法。…………

我竟然發現，我自己的身上，住著兩個人，那不是人，那是：

我的本尊。

我的盧師尊。（法身）

我已經發現，法身的盧師尊，可以變化本尊，是二合一。而我自己又與法身的盧師尊合一，這是三合一。

在這個嘈雜、物質的社會，人與人之間複雜的交會，讓我覺得，我變得更清楚明白了。

這娑婆世界是一個修行道場，是度化我自己的成佛之路。

「玉玉」現在已能自主，修行不是容易的事，幸運的我，我有盧師尊的法身，有了傳承力的加持。

我分分秒秒能感受到盧師尊的法流，從頭到腳，一直在流動。沒有時間及空間的，任何時候及地點，我們都是合一的。

「玉玉」這一年，每逢用餐前，一定修超度與供養。只要一個念頭，還沒念「往生咒」和「供養咒」，就有強烈的法流下降。

諸佛菩薩及十法界眾生，均已得到了我的供養。

我覺受到不可思議，也覺得非常的欣喜開心。

「玉玉」有很多話，很多很多的修行證驗，想跟您說，三天三夜也說不完的，但，看到盧師尊本人時，知道您每天為眾生忙碌，二十四小時，您都為大眾操勞，心中又心疼又憐惜，又害怕您離開大家。

「玉玉」就只能說：
愛您！
深深的念著您！
無時無刻，已無法與您分開！
「玉玉」最重要的是說：
夜夜同眠。
朝朝共起。
我與您合一，「玉玉」完完全全體會到了！非常真實。
盧師尊的法身，第一棒！

玉玉

「玉玉」是一位身材高，看起來非常健康的師姐，她穿著樸素，氣質很高雅。
聰明的眼睛，有著智慧的光彩。
五官端正，透著秀氣。

走路很端莊，很莊嚴。

「玉玉」有一件更難得的素養，她沒有女生的愛吃醋及嫉妒。

她把所有的人，都看成「佛」。

年長的是父母。

同輩的是兄弟姐妹。

年幼的是子女。

她對我說，學了佛法之後，心胸變寬大了，她能包容一切。

盧師尊度眾生，不只度她一人，而是所有的男女眾生，度眾生用「四攝法」，所以不可以吃醋嫉妒。

她懂得人情事故，我欽佩她。

註：四攝法如下：

一、佈施攝——若有眾生樂財，即佈施財，若樂法，即佈施法。令生歡喜心，依佛教而修行。

二、愛語攝——讚隨眾生根性，而善言慰喻，生歡喜心，再引入佛道。

三、利行攝——用利益眾生的方法，善行種種方便，令生歡喜心，再引入佛道。

四、同事攝——用和光同塵的方法，隨眾生根性，與種種眾生相混同，再引入佛道的方法。

此同事攝是如「維摩詰大士」——

入「青樓」。

入「賭場」。

入「歌舞場所」。

接引這些眾生，也能親近佛法，最終得到救度。

（火坑變成白蓮池）

我認為「同事攝」是大菩薩所為。定力不夠者，不易為之，度人反被度，要謹慎為之。

我（盧師尊）要告訴「玉玉」的是：

夜夜同眠。

完成的。

朝朝共起。

這正是「相應」的現象。

妳與上師、本尊、護法已合一了！從那一刻開始，妳是「覺醒」的行者。

一個行者，達到了「充實」的覺受，在這天地之間，沒有什麼事情是不能完成的。

「充實」也就是個體意識與至上意識彼此合一。

妳只須一個意念產生，那就是神性的展現，也能夠平衡自己。

妳依「真佛密法」修持，能夠：

一、拔除過往所有的業。

二、拔除一切習氣。

三、拔除種種的煩惱。

四、拔除貪、瞋、痴。

五、拔除疑、慢。

小我融入大我，融入至上意識，漸漸走入解脫的境界。

成就者飲「不死甘露」。

成就者入於「定靜」。
成就者達「本覺智海」。
一切都能自主。
我（盧師尊）說：
所謂「大手印」、「大圓滿」、「大勝慧」、「大威德」均能證得。
所有的神通具足，「大樂」、「光明」、「空性」，得無瑕之美。
以至於「任運」自在！
善哉！

任運隨緣
二〇一四年五月

「克克」師姐的夢

「克克」師姐，是一位「亮麗」的師姐，在所有女弟子中，是很「出色」的。

她一出場，只一站立，就是「焦點」。

艷光四射。

集所有女性之美於一身。可以說是美女中的美女。

她說話「細聲細語」，非常「嬌柔」。

我與「鞏俐」照過相，在北京雍和宮，當時「張藝謀」也在。

「鞏俐」很美。

我與「梅艷芳」見過面，在西雅圖，她開演唱會，我認為她也是美麗大方。

但，

「克克」師姐並不遜色。

她是上有天堂，下有蘇杭的江南閨秀。

「克克」師姐給我一封信：

敬愛的師佛：

那一夜，我做了一個極為奇特且令人難忘的夢。

我夢到一座金碧輝煌的宮殿，光芒璀璨，耀眼無比。

整座宮殿是黃金鑄造，金光閃閃，晶瑩剔透，宛如天上仙境。

宮殿無比壯觀美麗，光芒從宮殿的每一個角落透出，每一根柱子都金光閃閃，每一扇門都是精雕細琢的藝術品，散發著無與倫比的華麗。

屋頂上有細緻的雕花！

絢麗的琉璃七寶讓人目不暇接！

突然，

我的注意力被一個身影吸引，祂站在宮殿前，身材高大，氣宇非凡，彷彿頂天立地，穿著金色的龍袍，光芒中閃閃發亮，光彩奪目。

最初，我只見祂那雙腳，隨著我的目光慢慢向上移，我看見祂身著華麗的金色龍袍，龍袍上盤旋的龍紋與閃亮的珠寶散發著耀眼的光彩。

宮殿和身影愈來愈清晰，我的視線終於看見了祂的臉。這是我從未見過的年輕俊逸的師佛。

此時，我的心跳加速，彷彿全身的血液都在金光中沸騰。一種無法形容的敬畏與愛慕悸動襲上心頭，彷彿初見宇宙的奧祕。

我忍不住大聲叫：

「師佛！」

就在我叫的一瞬間。我就醒了，醒後心中無法平靜，充滿了無比的喜悅與興奮。

夢中的宮殿，從未在現實世界見過，卻深深烙印在我的腦海了。夢不長，很短，但非常精彩，永遠在我心中，一次又一次的呈現。

自從這次的夢境之後，又受師佛的加持，弟子每天能靜下心來，看師佛的一本又一本的文集，身心愉快、法喜充滿。

有一件奇特的事，要讓師佛知道。

師佛的分身（法身）。

伴我讀經。

陪著我過日子！我感到身心愉悅！

非常親密！不分不離。
在此，弟子謙卑請求師佛賜於指導：
我是誰？
我的過去世是誰？
我如何修行？
感恩師佛大力加持，願師佛安康，法體安泰。
願一切眾生共證菩提。

克克

我（盧師尊）敬答如下：
那宮殿不在人間，那是「天河勝景處」的星河宮殿。（七珍八寶，莊嚴殊勝）「紫霞宮」。
大白蓮花童子有無數的「黃金宮殿」及「七寶樓閣」。…………
最好的宮殿是：「清淨法界宮」。
妳看見的我，是我（盧師尊）的法身在「紫霞宮」。

妳問我，妳是誰？
我現在告訴妳，妳是「星河玉女」，很親近的。
妳依教奉行，依法修行，就能明白妳自己是誰了！
（如同維摩詰大士身旁的「散花天女」）
妳的來歷？
是「瑤池金母」旁的上仙。
我依「夢」的因緣，可以傳授妳「那洛巴」六法中的「夢觀法」。
一、知夢。在夢中知道是夢。
二、明夢。明白夢的意義。
三、轉夢。把夢中的惡轉變成善。
四、修夢。在夢中也能修法。
（重點是白天的修持，接續到夜間的夢中也能修持）
如此一來！
妳的修持比其他行者多出一倍，成就超出他人。
「夢觀法」的修持，有很多的細節，我會在私下一一的傳授給妳。

另外，

妳貌如「天人」，宜保持之。

教妳「水洗法」。

此法非常祕密：

飲清淨水，至喉，徐徐嚥下，觀水至肚腹時候。

用手轉左在肚腹轉十四下，右轉十四下。

後才排出。

共八口水。口要滿。

（不多不少）

此法「空腹」做，宜清晨，很快淨化身體，細心習之可使身形光采宛若仙人。

和悅。

光采。

吸引人。

其實，妳已能觀見盧師尊的法身，從此不離不棄。

遇到任何狀況，皆可向「法身」請教如何應對，祂會幫妳解決一切困難。

在修法上若有任何疑問，祂也能一一的回答妳的問題。

等於是一個明眼的師父，在妳身旁指引妳是一樣的。

這是非常難得的。將來盧師尊的法身，帶妳飛昇到「天河勝景處」，逍遙自在。

詩：

娑婆路已盡。

憶起昔日名。

星河可居止。

安閒過生生。

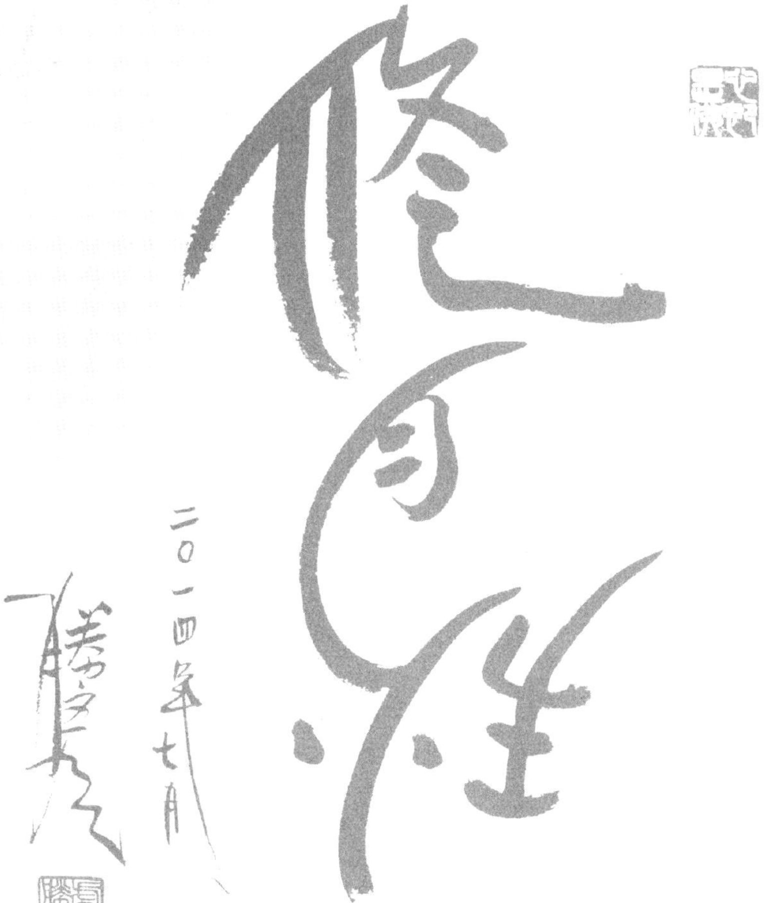
二〇一四年七月

「凡凡」說「卡莉女神」

「凡凡」給我的短篇：

親愛的最珍貴的盧師尊：

跟您說個奇妙的事！

上周日，在彩虹山莊，白空行母教我，祂的「斷法」。

昨天，我在西雅圖雷藏寺頂禮印度教壇城，突然間，卡莉（KALI）女神下降我的身上，還給了我一個種子字。

梵文「𑖮𑖽」（罕）。

「卡莉」真的是又美又莊嚴的憤怒母，空行母的話及音調口音也不一樣，很奇妙！

在這之後，我的「施身法」也略略改了一些。

我原來的「施身法」是，三餐飯前，心輪出現白色空行母，把我切碎成甘露，供養十方佛菩薩。做完再供養食物、吃飯。

昨天開始，當我做上述觀想，心輪的白色空行母，自動變成「卡莉」，祂用四隻手上的兵器，不止把我切碎，也把我周遭的人事物切碎。

如果我很累，祂把一間房子的範圍切碎。

如果我精神好，祂可把好幾棟房子全切碎。

變化甘露，供養十法界。

我覺得，「卡莉女神」，不是血腥破壞的女神，祂是「斷法」的佈施。

「破壞」是斷滅無常的表象。

「佈施」才是絕對的實相。

很奇妙！

很厲害！

不知對否？

凡凡

我（盧師尊）的感想如下：

我在「尼泊爾」。

看見過人們在「獻祭」卡莉女神。

我站的較遠，因為我不喜歡血腥的味道。

在「卡莉女神」的像前，一切畜牲，被斷頭，鮮血灑在「卡莉女神」的像身上，在前面空曠的地上，全是紅色的鮮血，當然也有舊漬，混成一團。

空曠地旁有一河流，河流上也是腥味濃濃，因為血液流進了河溝。

我聽人們說：

出外旅行祈求平安去來要獻祭。

祈禱事業成功要獻祭。

求什麼都要獻祭。

…………。

他們說，「卡莉女神」喜歡活生生的「獻祭」，喜歡鮮血。

我知道的，就是這些。

這是我親眼看見的。

（這很像往昔「苯波教」殺千頭牛、百頭羊的祭神的方式）

我覺得這是「殺戒」。

殘忍！

據我（盧師尊）所知：

「卡莉女神」是「喜瓦」（濕婆）之妻，雪山女神的化身之一。

在印度教中，威力強大的女神。

祂的形象有四隻手，面目凶惡，身黑色，穿獸皮，舌頭伸出，脖子上掛人頭串，腰繫人手一圈，四手持武器，腳下踩著「喜瓦」。

為什麼祂腳踩「喜瓦」？

有一個傳說：

阿修羅與天帝戰爭時。

阿修羅中，有一位「羅乞多毘闍」很難對付，因為「羅乞多毘闍」很會變化，祂的血，能化出很多惡魔。

無人能殺祂。

這時，「卡莉女神」張開大口，把「羅乞多毘闍」吞下肚。由於吞了惡魔，消滅了惡魔，因而瘋狂的跳起舞來。

由於大力跳舞，振動三界，三界眾生無法安靜，「喜瓦」為減輕眾生的痛苦，「喜瓦」則在祂腳下，任祂踐踏。

這一段的傳說，「卡莉女神」成了「宇宙的女王」，眾多天神恭敬祂。在祂打敗「羅乞多毘闍」這一段，我很欽佩「卡莉女神」的。

「卡莉女神」的真言：

om。krim。kalyai。namah。

據說，持「卡莉女神」的咒語，可以獲得很大的法力。

很多部族，崇拜「卡莉女神」，祂也是一位大護法。（有極大的威權）

據「凡凡」說：

「卡莉女神」的「破壞」是表相，而「佈施」才是實相。

如此一來，「卡莉女神」就是「面惡心善」的一位女神了！

在密教中有「黑憤怒母」，是專門把行者頭、四肢及全身切碎，用「火」煮成甘露，供養十法界的密法。

這種法就是「施身法」。又名「斷滅法」，這是藏密「覺宇派」最主要法。

重點是：
表相——斷掉自己外形，供養十法界。
內相——斷掉一切執著及煩惱。
其實是「空」的解脫。
修「瑪吉拉尊」施身法的人，是要內外全部放下，能放下才能自在。
亦是：
「空解脫」。
「無相解脫」。
「無作解脫」。
所以，「卡莉女神」似乎是「黑憤怒母」了，這樣一來，「卡莉女神」就崇高無比。
至於：
以「鮮血」獻祭，這是古代「薩滿教」的一種習俗。
台灣早期的部族，有砍「人頭」獻祭的。這種習俗世界各國都有，早期的原住民，大部份是「薩滿教」。

《聖經》記載，「阿伯拉罕」也有「全羊」獻祭，如同「火供」。為「空解脫」，我寫詩如下：

由東到西為何何
由壯至老是行者
如今秋去冬又臨
側身天地一頭陀

明月幾時圓
歲月一年年
已知人生苦
只剩一點點

（我盧師尊說，我這一點點，是已經什麼都沒有了。勉強說來，只好說一點點。天地一頭陀，是八旬老僧，只知夢一場，不必惶惶，仍然是空一場。）

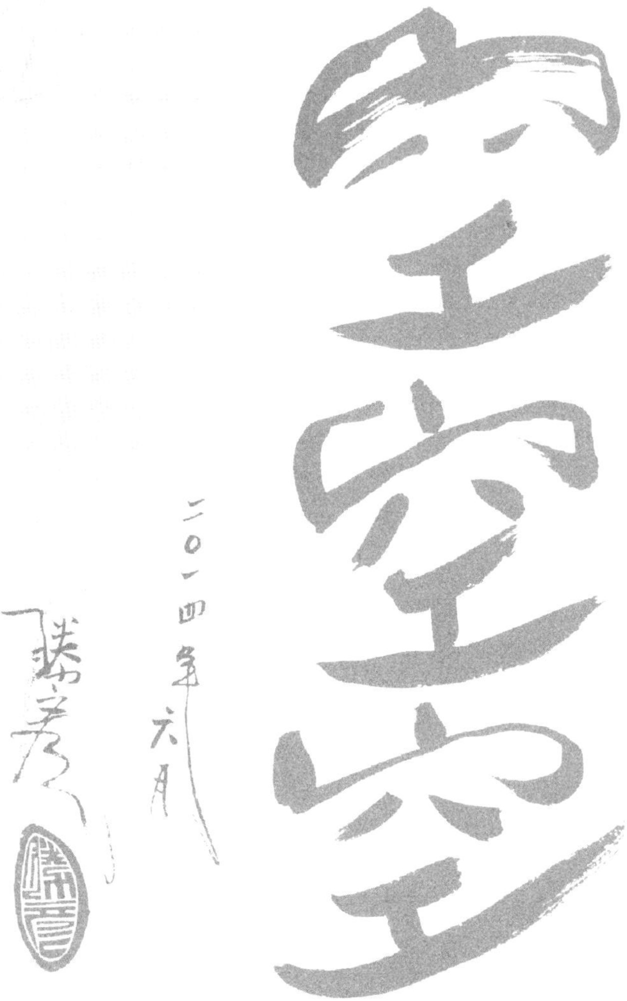
空空
二〇一四年六月

「甜甜」的卡片

「甜甜」是英國人。

身材高大健美，她喜歡頭上插上一朵花，就在她的髮髻上。

她常來西雅圖。

西方人看見她，曾問：

「妳是電影明星嗎？」

她搖搖頭，說：「不是！」

西人問：

「妳在西雅圖做什麼？」

她答：

「我來看我的盧師尊！」

她常常在盧師尊的身前身後團團轉，因為高大的身材，我好像是她的小孩。同門笑說：「甜甜是我的保鑣！」

盧師尊的法身，曾到她的家中做客，去參觀她的後花園。
花園很大、很美。
萬花多彩色。
枝枝現光芒。
香聞如流水。
瓣落我身旁。
我的法身，在她家做客，她請我吃飯，這是「甜甜」親手做的，很好吃。
花園桃花艷。
燒菜湯更清。
存心供養我。
袈裟更換新。
「甜甜」很懂得我的心，在她家做客，很歡喜，她很會侍候人，讓我覺得「賓至如歸」。
法身在她家幾次，如同自家人，一切非常美妙。

「甜甜」在二〇二五年元旦，她來西雅圖，給了我一張賀卡，如下：

我的愛人師尊：

在您未出現之前，我從來不知道什麼叫做幸福？您出現了，我終於明白幸福是什麼。

我從來不明白二人同心，現在明白了心與心是可以融合的。

如此深厚又如此快樂的時光，您竟然是我的泉源。

我從來就不相信，會有一個人，令人吃驚的，改變了我個人的世界，直到我遇見了您——盧師尊。

我遇見了您之後，我發了一個從來沒有發過的誓願：「不管未來的路是如何走，不管發生什麼事，不管時光是長或短，我一定都要陪伴著您，守護著您，這是我對佛菩薩的承諾。」

生生世世。

永永遠遠。

不離不棄。

就是您了！

是您給了我最大的勇氣！
是您給了我存在的精神！
是您給了我畢生的希望！
有您真好！
我要與您共渡二〇二五年的元旦及二〇二五年的春節。
I Love to hear your voice.
I Love to see your smile.
I Love to feel your touch.

甜甜

我寫給「甜甜」的是：

甜甜：

我（盧師尊）這一生，最重要的是學佛、深入佛理，實修佛法，證悟真諦，弘揚真佛。

我專注於：
分析事理。
判別善惡。
善用生命。
省思生死。
見證佛性。
這是活出自我，探索自我，昇華心靈的一生。
幸福是什麼？
我的回答是：安住本然自性境界，也就是心無煩惱，亦無執著，隨順眾生，沒有什麼欲求。
這是真的幸福。
心與心的融合是：
承上師及本尊及護法的恩典，我心與至上的心是合一的，心平何用守戒，心直不須參禪，我只是小水滴，滴入大海，成為一味。
那是心心無二。

關於快樂？

就是住於「無上喜悅之境」，綿綿不絕，這是泉源永不止息。

行者因為修習正法，成為一切之享受者。

我謝謝妳的承諾。

我寫一首偈給「甜甜」，妳的覺受也即是我的覺受，妳的愛與我的愛並無不同，永永遠遠，不離不棄。

偈如下：

妳與我是同一源的，
我們之間沒有汪洋阻隔，
我呼喚妳，
妳就到來。

妳是我的至愛，
妳生活在我的節奏之中，
我們都是佛，

沒有彼此的分別。
我對妳一無所求，
而妳也一樣的，
那是心與心的道場，
非常迷人而美妙。

彼此是一無別，
自然光采奪目，
親近此一聯結，
這個旋律響徹寰宇。

我再告訴「甜甜」：
這宇宙的一切，凡是所有，全是唯心所造。
因為唯心，才有唯物。
有情、無情皆是心造情懷。

我們人心，也是天心。
現在我教妳的，是妳要融入天心，這就人心、天心不二，這是不二法門。
我證明：
人心就是天心。
妳也證明：
人心即是天心。

「寧寧」小簡

頂禮師佛！

近來聽了師佛開示的《維摩詰經》，頗有感悟。趁此機緣獻醜一偈對應神秀大師及六祖惠能之偈，還望師佛不吝賜教。

神秀大師之偈：

身為菩提樹，心如明鏡台。時時勤拂拭，勿使惹塵埃。

六祖惠能之偈：

菩提本無樹，明鏡亦非台。本來無一物，何處惹塵埃。

小小領悟：

菩提樹非樹，無心何來台，有無大哉問，淨塵同一懷。

簡說

以身心修菩提行但不執著於菩提行；

住「無心」觀照如來如去的幻化世間；

「有無論」是所有行者修行道次第上需要破解之迷；
塵埃清淨不一不異也。
其實為了方便說才寫此偈，真實的佛性是無語言及文字能表達。

寧寧

我說：「寧寧」的悟境，甚善！甚善！非常好！非常好！
神秀大師的偈是說：
「有」。
惠能大師的偈是說：
「空」。
「寧寧」是說：
「有」就是「空」，「空」就是「有」。
二者是一也。
所以，《維摩詰經》有：
「佛魔一如」。

「淫怒痴」是佛法。

淫有「雙身法」，怒有「金剛法」，痴有「菩薩法」。

「有為」、「無為」全是「無念」。

根本智——觀一切眾生無實在體。

分別智——觀一切法從因緣而生。

一切種智——洞察根本智（出世）、分別智（入世）。

「寧寧」說的是「一切種智」。

這是：

「大同」。

「不二法門」。

我舉「韋驤」的詞為例：

其一：

人生可意。只說功名貪富貴。遇景開懷。

且盡生前有限杯。韶華幾許。鶗鴂聲殘無覓處。莫自因循。一片花飛減卻春。

這是「有詩」。

其二：

鸞坡鳳沼。軒冕儻來何足道。存養天真。安用浮名絆此身。

勞生逸老。擺脫紛華須是早。解綬眠雲。林下何曾見一人。

這是「無詩」。

我說：

涼風吹光頭，

繁華轉清淨；

不論有或空，

只在月下眠。

「心心」的包裹

我有一次在法座上說法。

我提到我在「軍中」共十四年四個月的時光。

我考上了「測量學校」大學部，「大地測量系」。

測量學校是「軍校」，畢業後是「工學士」學位。階級從「少尉」開始。

十四年四個月是：

四個月是「第五訓練中心受訓」。（軍人訓練）

四年是「大學教育」。

十年是：

服務於「五八〇二」測量連，我是「測量官」。

服務於「製圖廠」，我是「工程官」。

我（盧師尊）在軍中十四年四個月後退役，退役時是「少校工程官」。

我懷念軍校四年的光陰，因為軍校四年，是我人生的轉捩點：

一、生活作息準時。
二、學習精進。
三、強壯身心。
四、尊重服從長官學長。
五、除去散漫的習氣。
六、一切惡習性改掉。
在「軍事學校」讀書是有好處的，因為一步一步來，不能有差錯。嚴格的管理制度，使我成為標準的軍人。
所以，我這一生的精進。
是「軍校」的成果。
每天一篇文章。
每天一幅畫。
每天修法。
每天讀書。
這是「軍事學校」養成的，所以我非常的懷念及感謝！（測量學校後來被

編入中正理工學院）

我還說：

我穿「軍服」的日子，在學校穿軍人的學生制服，有大節慶，穿大禮服。

穿軍服，雄壯威武。

穿軍服，抬頭挺胸。

我畢業後，軍服退回給學校。

我退役後，軍服退回給製圖廠的服務單位。

我有點後悔，為什麼不保留下「軍服」？因為可以做紀念。

紀念我穿「軍服」的日子。

台灣有一位「心心」師姐，聽了我的說法後，她給我寄來了一個大包裹。

我打開一看：

嚇了我一大跳。

因為她給我寄來了一堆「軍服」：

大盤帽，上有國軍徽章。

學生制服，上有測量學校及學生的徽章，有「聯勤」的肩章。
（「測量學校」屬「聯勤總部」管。）
另：
皮帶銅環，配件。
軍鞋。
很多的「配件」都是要訂做的。
兵籍號碼獨缺，因為兵籍號碼連我自己都忘了。
一切「軍服」應有盡有，草綠色的全套，卡其黃色的全套。
軍人的便帽。
等等。
我看了，眼淚都快要掉下來，「心心」這麼有心。
我感動莫名！
「心心」在包裹中，寫給我一封信：
盧師尊：
二〇二四甲辰年端午節，是「心心」第二次飛往「西雅圖」，與您一起過生日。
一眼等於萬年。
回眸！
願再相聚。
在周日，孔雀明王法會，您提及就讀台中測量學校的故事，回憶穿軍服的時光，畢業後，軍服繳回，沒能收藏紀念。
「心心」聽到了您的小小心願！
雖然找尋當年的制服，諸多不易，許多配件也早停產。
但，「心心」仍然很用心的盡力去圓滿，盼您能包容。
您就讀軍校時，您的同系同學「朱金水」給「心心」很大的幫忙。他耐心的協助「心心」，他說，當年青春少年的軍校歲月，都在每位同學心坎裡，永遠不會抹滅。
他很努力，盡可能備齊學校制服，感恩他的幫助。
一〇七年十二月，聯勤測量學校三十二期畢業五〇周年同學會，參加同學二十九位。

「心心」為您準備制服。
這個禮物很小，盼您開心！

心心

「心心」另附一張小卡片，上面寫著：
盧師尊：
您只是輕輕呼吸著，什麼都沒做。
「心心」就會了解您！
似乎是故人來，同走一條路，同做一個夢，本來就是一對。
假如上天有意，「心心」萬物皆春。烟一程、雨一程，一程又一程，願侍候您！
真正善良的人，無論經歷什麼，依然保持著初心，什麼也擋不住，擇善而行，事了拂身，帶著「心心」悠遊而去！
熱烈的！
深切的！
真誠的！

「心心」等著您，順天意、承因果。今日方知我們經歷過，我們同緣過。

「無」是天地之始，「有」是萬物之母，道可道，非常道。天道無親，恆以善人。

在一個特殊的日子，引導「心心」不同別樣的生活。在特殊的時光，觸發不同別樣的故事。

像寶石一樣，閃耀著光芒！

這是涓涓文字，細述對您的思念！

願鐘聲如期而至！

重拾幸福的鎖匙！

心心

「心心」：

妳的小卡片，我已看過。

我寫一詞，如下：

人生忽忽。突然西東。
妳來問。古今有緣份，我只能說，黃葉西風。
時日不多。從現在算起，我與妳同。
想想過去。歲月浪朦朧。這些日子，只有靠書鴻。
但願人長久。
紅葉永遠紅。

「哈尼娃」的相應

弟子蓮花曉峰感恩根本傳承上師蓮生活佛慈悲加持指導。

聽師尊的指示，弟子開始修綠度母，今早修法時召請綠度母有所感應，請求師尊指示。

綠度母立即下降，弟子看的很清楚，綠度母青春美麗慈祥柔和，身淺綠色、放白淨光，弟子感受到祂的心非常的慈悲。弟子啓靈身子及手自然結手印，微笑喜悦，弟子看到綠白淨光，然後入定。

弟子向綠度母祈願：請綠度母慈悲護祐指導弟子，與弟子合一，讓弟子能圓滿做該做的事情，不做不該做的事情，能好好修，幫助需要的人們，幫師尊度眾生。

昨天早上修法時，突然間大威德金剛降臨威猛無比，弟子身體化為大威德金剛，清楚地看到並感受到祂的藍色的身體、腳、手、白黃色的頭、臉、牛角等細節。啓靈後，大威德金剛漸漸變小並住入弟子的身體之中。

早期剛剛皈依三、四年，大威德金剛也顯現過，然後弟子感覺到大威德金剛總是在弟子的後方。數年後，因為自己業障深重，犯了很多戒律，考不過魔考，弟子很少修持大威德金剛，也沒有感覺了。

當天禪定中，尼古瑪祖師爺顯現，尼古瑪非常活潑、青春、可愛，身子透明的咖啡黑色。祂降臨於弟子身上，賜予弟子許多甘露，將甘露從嘎巴拉中倒入弟子的口中，弟子啓靈，尼古瑪教弟子如何結手印和身印，如何召請祂，如何唸誦咒語「嗡。媽媽。尼古瑪。梭哈。」弟子感到無比喜悅，非常愛祂，彷佛與久別重逢的好友相見。

今天修法時，尼古瑪再次降臨，弟子感到非常喜悅，再次啓靈，又喝了一大碗甘露。當時，弟子想起要供養佛母，便觀想自己與師尊合一，化身為瑪吉拉尊者的黑憤怒母，將自己燃燒成甘露供養佛母，佛母非常高興！

祈求師尊慈悲指示，感恩師尊！百拜上申。

哈尼娃合十

我（盧師尊）寫給「哈尼娃」的：

哈尼娃：

知道妳見到「綠度母」、「大威德金剛」、「尼古瑪」。為妳高興及慶賀。

所謂「啟靈」？

那是妳心靈的波動，與本尊發出的波動，互相合一的狀態。

自動的結手印（手勢），是結合了能量與理念一致。

不只是結手印而已，再進一步的鍛練，會變成「身印」。

「身印」就是「體位法」了。我們的肉體其實障礙很多，借由修「體位法」對於身中的「氣、脈、明點」會有很大的幫助。因為那是打通全身的「脈輪」。

綠度母的美貌。

尼古瑪的青春。

大威德的威猛。

這即是「脈輪」打通的現象，人類能打通「脈輪」也一樣會長生不老，身無疾病，淨化身內的經絡。

這就是：

「體位法」或是稱「金剛拳」的利益了。

妳將來幫助盧師尊度眾生，非常謝謝！

請詳看「綠度母」的誓言，祂誓言幫觀世音菩薩度眾生。

「大威德金剛」是守護佛法的金剛神，妳當守護佛法，常常財施及法施。

「尼古瑪」有六法，能學成，那就是「無上正等正覺」了。

「哈尼娃」就是我說法時，她幫我翻譯成英文的人。

翻譯很多年了。

她年輕時，就很早期幫「比爾．蓋茲」的「微軟公司」做事。

她到中國北京開創「微軟」。

她到日本東京開創「微軟」。

一直做到手得了「職業病」才退休下來。

她是「印尼」的「瑪朗」人。母親、父親，全是真佛宗弟子。

父母均念《高王經》、「蓮花童子心咒」，結果善終之後，有非常多的「舍利子」。

母親最神奇，她早上要出門，覺得頭有些暈，就坐在客廳椅子上休息，這一坐，就「坐化」了。

能「坐化」的人不多，「哈尼娃」的媽媽，竟然是「坐化」的。

（她燒出潔白晶瑩，大大顆的許多舍利子）

「哈尼娃」為人樂善好施，我的交通工具（車子）全是她一人佈施的，我有三部豪車，全是頂極的，她供養的。

另外，她也佈施「真佛宗」的弘法，也贊助貧困的同門，同門有急難，她樂意伸手幫忙。

我教導她，「心要能像虛空，包容一切。」

寫一詩，給她：

世事隨緣了，
虛空無際寬：
但能全放下，
自然遍十方。

隨緣如幻
二〇一五年十月

「晶晶」見我法身

「晶晶」從「新加坡」來，她交給我一張卡片，上面寫著：

敬愛的盧師尊：

感恩「盧師尊」的大加持！

晶晶想說：「盧師尊顯現法身，是真實不虛的。」

法身永遠存在。

晶晶早上起床，晚上睡覺，都要念蓮花童子心咒，也常常在日常生活之中，憶念自己的根本上師。

每次憶念，法身就會出現在弟子面前，非常清楚。因此，弟子與法身，並未分離，二十四小時都在一起。

弟子明白，這是沒有時間，沒有空間的真實存在。

有一天，弟子的腦海中，想起「白度母」（七眼佛母），我念了「白度母」的心咒，竟然也見到了「白度母」（七眼佛母）。

現在，我明白什麼是「天眼通」了，我能看見佛菩薩。

（要想看見佛菩薩，除了根器之外，還要有慈悲喜捨的四無量心）

慈——給眾生快樂。

悲——拔除眾生之苦。

喜——歡喜的去做，心甘情願的接受。

捨——怨憎的、或欣慕的，平等的佈施。

弟子時時感恩盧師尊教導！

弟子時時求加持！

弟子發願與盧師尊的誓願相同！

直至成佛不捨離！

弟子永遠好想您，好想您！

晶晶

這是一篇「哈妮娃」寫的，對於親見「法身」的意見。

最崇高的感恩獻給根本傳承上師，蓮生活佛

上週六，根本上師盧師尊突然點名讓我分享近期的感應。在真佛宗，這並不稀奇，因為在修行過程中，許多同門都曾經歷過某些感應。有些能在夢中見佛菩薩，有些在禪定中，有些是在靜坐觀想時，或睜眼之下清晰可見，甚至有些同門能隨時看到諸佛菩薩的法身。所有這些，全然歸功於我們尊貴師尊的大加持與慈悲護佑。

依我淺見，這些感應——無論是親見、聽聞、交流、靈動、他心通等——都是修行過程中的自然現象。師尊近期鼓勵我們分享這些覺受，因為這些奇妙的見證不僅能激發非信徒對修行的興趣，更能幫助他們踏上修行之路。同時，這些覺受也能增強行者的信心和道心，畢竟修行之路往往漫長且充滿波折。

然而，佛法八萬四千法門，未必每位行者都修同一法門或經歷同類覺受才能成就。或是說，有些人可先開天眼，而有些人先證空性。

密教行者的修行，與本尊相應是基本的外法。行者在觀修的本尊時，必修觀想、結手印、唸咒並入三摩地。此外，他們還會發下與本尊相同的願力，以加速相應的進程。隨著專一的修行，行者逐漸將本尊的形象深深印刻在自己的意識中，並時時憶念本尊，最終達到與本尊合一的境界。

然而，自然的見證與上述修持方法有所不同。佛菩薩油然而生，且無使用任何意識、心力或想念。最清晰的看見往往出現於無心、完全無念的狀態中。有時也能通過一心專注的召請而顯現。然而，一旦思維介入，所見的形象便可能受到自身心念的影響。儘管如此，透過正念觀想以及發願與本尊相應，仍是修行的重要方法之一，並值得鼓勵與讚許。

坦白說，我與某些主尊確實有相應，但尚未時時刻刻完全合一。有時可合一，但有時則有所欠缺；有時感應強烈，有時微弱，尤其是「自我」較強或頑固的習氣作祟時。因此，我認為修行是需要長遠心，也是一段需要毅力和恆心的艱難旅程。這些感應可以為我們帶來無比的鼓舞，提醒我們只要堅守正道，持續精進，必能逐步走向成就。

因為有人問起，我願藉此機會分享自己的淺薄經驗與理解，僅供參考，也歡迎大家在評論中或透過私信分享您們自己的修行經驗。感謝您的閱讀與支持！願一切眾生行於正道，早證菩提，早日成就！

阿彌陀佛！

哈尼娃合十

我（盧師尊）告訴大眾：

念佛就是念己，
自心不用他尋；
念念成熟法身，
晝夜時時顯聖。

又：

虛空與我合一，
閃電風雨常見；
這箇也是演法，
有念無念方便。

又：

我當觀心習定，
定定不知是定；
法身自顯作用，
化為如來慧命。

又：
不是妖魔鬼怪，
不是顯異惑衆；
法爾本自如如，
非墮外道邪病。
又：
自自在在快樂，
十方法界逍遙；
法供養最最上，
終於明白自性。
又：
說中不一定中，
說亂不一定亂；
說聖說凡莫管，
重點就在清淨。
（這些只是小小意思，供養大眾）

大火中出現的奇蹟

文／孫愛珍

二〇一九年十月二十一日美國南加州的一場森林大火，弟弟在鄰近海邊太平洋帕利塞德（Pacific Palisades）的家，差點被野火燒毀的往事，我始終記憶猶新，因為那次是我及時發出傳真信到真佛密苑，叩求盧師尊的儘快救助，結果因著風天神領到祂的律令法旨，迅速前往被大火肆虐的災區救援，弟弟的住宅才轉危為安得以保住。

沒有想到同樣的事情在前幾天又發生了，二〇二五年的一月七日上午十一點左右，暫時獨住在弟弟家的姪女兒，突然連發了三個簡訊給我。第一個簡訊寫的是：「姑媽，我家對面的房子起火了！」我還來不及回應，她在沒隔幾秒鐘後又寫道：「我想我需要馬上撤離。」再下去她立即又寫下了：「我已被迫撤離，現在開車到妳家去！」。等到她離開住處沒多遠時，她通過手機監控查看家裡情況，她發現消防員已經在車庫前救火。她立即打電話給我說：「姑媽，爸爸的家沒有了……」我在驚惶失措的心情下，很唐突的立刻跟師母寫了簡訊，我先寫下了弟弟家的地址，同時向師母報告實情，因為當地救火已經完全失控，弟弟家也已遭到毀損，但是我還是懇請師母轉為稟告師尊、叩請師尊慈悲加持救助整個帕利塞德地區。

等到姪女兒抵達我家時，她仍然驚魂未定，因為她在倉惶中撤離，她根本來不及攜帶任何重要證件及衣物，她是一路顫抖著開車過來的。姪女兒在我家住了三天，那三天我們倆全時都在看火災的情況，七日上午在帕利塞德發生的火警，最先衹是燒了三英畝左右，結果在八日午間火勢已經爆發擴散燒掉一萬伍仟捌佰英畝之多，面積大約是台北市的四分之一。而且因為火速每分鐘就可燒掉五個足球場，這場山火到一月十一日那天，已持續延伸到變成五處大火，而且因為消防資源和水源的不足，救火人員雖疲於奔命，日以繼夜的搶救，但許多受災地區，早已變成一片焦土。而專家們認為，悲劇不會很快結束，最慘的狀況還沒有到來。洛杉磯本是人人稱羨的天使之城，現已淪為地獄。三萬多人緊急疏散，洛杉磯已進入緊急狀態。

火災的第四天，兩個姪女兒的朋友陪她去了一趟仍在火燒的地區帕利塞德，想去看看她父親的家到底被燒成什麼樣子了，她們離開後，我很感傷的在想，這棟房子幾年前還曾蒙受師尊救助得以倖存，想不到最終還是難逃燒毀的命運。雖然我心中暗自祝禱姪女兒這趟的前往察看，會帶來房子未受大火波及的喜訊，但心裡清楚明白，這衹是我個人的奢望而已。姪女兒沿途有打電話給我聯絡，她說她的車子繞過了好多警察所設置的安全路障才得以抵達目的地，當她站在家門前，她真的是不敢相信自己的眼睛，因為她驚喜的發現，除了前後院和車庫被火燒到外，房子本身居然是奇蹟般的絲毫沒有受到損害，而鄰近的房子，大多已成了慘不忍睹的廢墟。我在想，弟弟五十多年前在此置產，一開始就把屋裡的客廳拿來作了佛堂，佛桌上有師尊的法像和許多佛菩薩的金身。我深信，這次弟弟困在大火中的房子，雖然處在極度危險的情況中，但是竟然還能得以安然度過劫難，這絕對是得到了師尊和諸佛菩薩的垂賜護佑，才會有這樣天大的福份。

深深感恩師尊，時時以弟子們為念，愛弟子們更勝於愛師尊自己，而且最近因為洛杉磯的大火肆虐，師尊更是天天都修法加持此次大火能夠早日熄滅，也因此，這次弟弟的房子，在這次洛杉磯的世紀大災難中，幸運得沒被大火吞噬。

作為弟子，我真不知道如何才能報謝師尊的大佛恩，可是在欣喜感動之餘，我還是要寫此文作為明證。我衷心讚嘆師尊以無以倫比的大法力造成的神通奇蹟，同時我也深深讚嘆師尊，又一次的顯現了不可思議的「讓不可能變成可能」的慈心悲願。

孫愛珍是美國加州「四大媽」之一。這四位是陳傳芳、魏思顏、蔣冠蓉、孫愛珍。

我（盧師尊）認定：

「孫愛珍與觀世音菩薩是相應的。」

也就是孫愛珍修「觀世音菩薩本尊法」已能合一。

在未來，孫愛珍捨報，她即是菩薩的化身，將來必生在「普陀洛伽山」。

她寫下著作如《清風明月集》等等，是值得珍藏的文集。

她修行守戒律。
身、口、意清淨。
實修真佛密法。
生活簡樸。
話不多，無是非。是一位言行謹慎的行者，心懷慈悲。
尤其文筆流暢，非常難得！
她寫的〈大火中出現的奇蹟〉，是千真萬確的事。
她說：「盧師尊有大法力！」
我實在不敢當！
我有的，只是虔誠的祈禱而已，用我的一心，祈求護法的救度。
真的只是這樣！

我（盧師尊）修「四重結界法」。
一、金剛墻——在房子四周，立上四面墻，就是金剛墻。
二、金剛地基——在房子下方，建立金剛地基。

三、金經網——在房子上面，設立金剛網。

四、金剛火院——在四面墻上，升起金剛火稱「金剛火院」。

問：「明明是火災，為何用金剛火院？這不是自己燒自己？」

答：「外來的火，是凡火，這金剛火院，是觀想出來的三昧真火。有三昧真火，一般凡火燒不進來。」

上有金剛網擋火。

下有金剛地基擋火。

四周有金剛墻擋火。

墻又升起三昧真火擋「凡火」。

故，

燒不起來！

我向「火天神」祈禱：

念火天十二神之名：

「大因陀羅、行滿、摩魯多、盧玉多、莫栗奴、忿怒、闍赤羅、吃洒耶、意生、羯拉微、焰空、摩賀那耶。」

「一心敬禮，請退回，歸位，謝謝！」

（一共三稱）

這樣的祈禱三回，火就不會燒到你的屋子了。

「四重結界」是觀想法，一般行者修法前，在行者的四周，也做如此的觀想，可以避開外靈的入侵。

行者若念「火天神」名諱，火天神大吃一驚，必然止步。

其實「大因陀羅」是「火天神」的頭，緊急時，但呼其名，就可能顯現奇蹟了，「火天神」威力無窮。

另，

家中供有壇城，壇城是萬德交歸之處。「火天神」也是敬畏的。

二〇一五年十月

「粵粵」談灌頂

最敬愛的師佛：

您好！弟子是香港的粵粵，一心頂禮根本上師蓮生佛！

感恩師佛慈悲，今年八月印證弟子『時輪金剛真實金剛橛法』已經相應及賜予二灌（紅白花）灌頂。

在灌頂後，修持更加得力如下：

與『時輪金剛佛』無二的覺受增加

※感應到釋迦牟尼佛及穢跡金剛降臨，發現時輪金剛跟穢跡金剛有相通之處

※自動結穢跡金剛都攝印，似是攝召所有的諸天及有緣的鬼神眾

※修法或供養時，清楚感受到諸尊降臨（主要是蓮花童子、時輪金剛佛、三天女）

※修三天女法時，時常感應到白天女進住上丹田放白光（顯發智慧—

明點），黃天女進住中丹田放黃光（接收信息），紅天女進住下丹田放紅光（提供能量—拙火）；三天女能幫助行者修持內法及開發通力

※明白三天女法的四祕密咒能開發宿命通、他心通、天眼通及天耳通

※時常以旁觀者狀態，觀察自己的意念、自己的身體及世間萬物；再回觀這個『旁觀者』時，出現難以言喻的覺受！

另外，報告弟子今年八月在『蓮花童子護摩法會』的感應見證如下：

從師尊準備點燃護摩火開始，弟子就開始感應到巨大的圓形蓮花童子咒輪出現在整個護摩殿地上，一直旋轉。中央有三米高的白色藏文吽字及外圍咒字。同時間大部份同門的腳下出現大小、顏色各異的蓮花，色彩繽紛。而小部份的同門則沒有。

在師尊回到殿時，早已經成為大白蓮花童子形象，並且跟中央的吽字合一，再回到台上法座。到供品下爐及演化手印時，師尊的大白蓮花童子法身三光加被弟子（時輪金剛佛形象）變成蓮花童子，腳下蓮花底下出現咒輪並旋轉一直擴大到整個宇宙虛空，有部份同門腳下的蓮花都

出現相同情況，只是咒輪大小不同。但是，只有時輪金剛佛及蓮花童子的合體可以融入整個宇宙虛空！

到護摩結束前，中央巨大吽字再次出現並攝入在場所有同門進去！整個過程清楚明白，但時間卻在剎那間過去，法會在不知不覺中已經結束！感恩根本上師主持的殊勝護摩法會！

最後，遵從師佛的指示，練習運用時輪金剛佛夢授的祕密咒行使息增懷誅法、畫符法及超度法，希望將來能夠以『時輪金剛真實金剛橛法』幫助更多眾生。

弟子明白自己仍然有很多不足及需要改善的地方，祈請師佛慈悲指導訣竅！弟子再一次感恩師佛的偉大及慈悲！

祈願師尊及師母身體安康，永遠快樂自在！

祈求師尊加持弟子眾等修持得力，即身成佛，自度度他！

祈望能早日再到西雅圖向師尊求法！

謹此，一心頂禮感恩師佛！

祝佛安！

愚弟子粵粵、蓮花小春及蓮花譚雪
百拜千叩敬上

我（盧師尊）為大家解釋，「灌頂」的真義。

早期，

天竺（印度）的國王即位，取四大海水，灌頂是一個儀式，象徵一國之君，統領四方。後來，佛教密宗以這個儀式，代表「授權」。

「灌頂」另有多重的意思：

真佛宗的主要灌頂有四：

一、瓶灌——成就應身佛。

二、紅白花灌——成就報身佛。

三、無上密灌——成就法身佛。

四、大圓滿灌——成就法性身佛。（真佛）

我說：

「灌頂」就是「授權」。授權開始可以修法了！

瓶灌的範圍——四加行、上師相應法、本尊相應法、護法相應法。
紅白花灌頂——拙火法、明點法、氣脈明點法等等。
無上密灌頂——屬「非機不說」。
大圓滿灌頂——屬「名灌頂」，是不拘形式的灌頂。
據我的上師教導，「五佛嚴頂灌」，可用作「阿闍梨灌頂」（上師灌頂）。
一、毘盧遮那佛灌頂。（用舍利塔）
二、東方阿閦佛灌頂。（用寶瓶）。
三、西方阿彌陀佛灌頂。（用金剛杵）
四、南方寶生佛灌頂。（用寶冠）
五、北方不空成就佛灌頂。（用鈴鼓）

「灌頂」不只是授權，也有「淨業」的作用，清淨身、口、意的業障。
「灌頂」具「懺悔」，懺悔行者的「貪、瞋、痴、疑、慢」。
「灌頂」具「守戒」，須守：
一、不殺生。

二、不偷盜。
三、不邪淫。
四、不妄語。
五、不飲酒。
修「白業」去「黑業」，修「善業」去「惡業」。
「灌頂」要發菩提心、慈無量心、悲無量心、喜無量心、捨無量心。
願菩提心——平等、自他互換、利他。
行菩提心——佈施、持戒、忍辱、精進、禪定、智慧。
「灌頂」具「加持」：
加持淨水、加持鈴杵、加持供品、加持生起本尊、加持增益、加持敬愛、加持息災、加持降伏。
另：
加持中脈、加持三脈、加持一百二十主脈、加持七萬二千脈。加持頂輪、加持眉心輪、加持喉輪、加持心輪、加持臍輪、加持密輪、加持海底輪。
加持命氣、加持下行氣、加持上行氣、加持平住氣、加持遍行氣。

加持離戲明點、錯亂明點、物明點。

「灌頂」六成就法：

幻觀、夢觀、淨光、中陰、破瓦、拙火。

「灌頂」金剛拳法。

「灌頂」手印。

「灌頂」各種佛法事業。

所以，「灌頂」有無窮之義理。

菩提心
二〇一四年五月

「蓉蓉」談「請佛住世」

「當我們請佛住世、生生世世度眾生，而不是讓祂休息或享受淨土的妙樂時，這是不是自私的行為？我們不應該讓祂稍作休息，允許祂隨心所欲地來去嗎？」這個奧妙的疑問來自倫敦的一位思慮周全且富有同情心的 kanji 師姐。

一位大成就者的境界，超越了我們對時間和空間的概念。就像月亮在無數水中同時反射一樣，祂們可以在十法界中顯現——在淨土、天界、地獄、十法界的任何地方。祂們的存在不受過去、現在或未來的限制，也不限於單一的世界，是橫遍十方、三際一如。

然而盧師尊可以在無數的佛國淨土中來去自如，同時也永在娑婆世界度眾生。當我們請佛住世，懇求師尊留在娑婆世界時，我們並不是在限制祂們——相反，我們是為了讓眾生能有導師引導祂們解脫輪迴。舉個比喻：佛是一種無法形容的完美平衡狀態，就像車輪的靜止中心。佛是「不動」的。然而，就像車輪需要最初的推動來轉動並發揮其作用一樣，我們真誠的祈禱和請求成為推動佛陀顯現以引導眾生走向解脫的催化劑。

我們請佛永遠住世不僅僅是為了我們自己，而是為眾生。從這個角度來看，我們的祈禱一點也不自私——可以說是同體大悲、無緣大慈。懇請佛住世，大轉法輪，直至眾生成佛不捨離。

「蓉蓉」的這篇文字，講述的很好，「請佛住世」是普賢菩薩的十願。釋迦牟尼佛若不是「梵天」、「天帝」的勸請「請佛住世」，四天下永無佛光注照。

那就是一片「大黑」。

我寫乙偈：

八十年歲月，
有悲也有歡；
若無佛住世，
一生皆心酸。

（我常想，人的一生全是空幻夢一場，有了佛法，才能解脫出輪迴）

「可可」的情

「可可」是一位才女，她的學問甚深，意境幽遠，有獨到的見解。

我（盧師尊）發覺她，讀古今中外的書甚多，相當博學多聞。

她是留學生。

人甜美，文筆多元，談古說今，面面俱到，思維甚細。

我對她，真心話，很欣賞，她永遠的烙在我心上。

「可可」給我信如下：

師尊吾愛：

見字如見面，展信舒顏。

春節快到了，雖遙遠千里暫未聚，但邀明月代傳情，同看一月，心很近，「可可」一直都在您身邊。

告訴您：

風會止，

雨也會停，

我是螢螢之星，

面對月華之光。

朗朗胸懷，您心懷萬千生靈，長路漫漫亦燦燦。

我時刻念著，生死相依，餘生盡可捐。

大地設壇，萬千獻祭，祝禱未來，河清海晏，當業火焚燒，洗盡罪業，

「可可」願再續佛緣。

請求蒼穹之眼，俯瞰「可可」，脫下皮囊，償還冤怨，重生的「可

可」，跪求得到佛之垂憐。

「可可」願再皈依佛前，完成夙願，為您之憂而憂，為您之願為願，

為您之情而情。

可可

我（盧師尊）回覆「可可」。

記得我講《維摩詰經》時，提到散花天女與舍利弗的對話。

散花天女問：

「舍利弗，你已經證得阿羅漢了吧？」

舍利弗答：

「我因為無所得乃證得阿羅漢道。」

散花天女說：

「諸佛菩薩，也都是這樣，因無所得而證得菩提的。」

這對話的重點是：

「無所得！」

我想對「可可」說：

佛法的了義，一實相印，重點是「無所得」。

例如「四解脫門」：

空解脫——一切皆空，實無所得。

無相解脫——無我相、無人相、無眾生相、無壽者相。實無所得。

無作解脫——就算有為，也是無為。有為也是實無所得。

無起解脫——生必有死，強必有弱，最重要是無所得，無起就無終，有起有終亦無所得。

我（盧師尊）理解這些，轉述於妳，在妳我之間，我們擁有的是：

「無所得之得」。

「無有情之情」。

這是一段美好的時光，心的悸動，回憶與思念，我與妳同。

「可可」談修行

「可可」說：

從古至今的聖賢，談到佛法，其實是根據眾生的根器。

盧師尊之意，亦是「可可」之意。

真正修行的高人，必定兼具儒家的風範，道家的深邃，佛家的慈悲。行者在精神與物質上取得平衡合一。

高人的思維，清淨是本質，而不是外道邪思，不被人的欲望挾持，也毋須瘋狂抵制壓抑欲望，人生這一場空幻的戲，高人是依照「隨順」因緣，調整「出世」與「入世」的均衡。

《呂氏春秋》曰：

今之國君，何不守先祖之法，遵上古之制，非其不賢也。而因無從遵之，先祖之法，當循因時之世而制，歷代先王亦有與時改之，今先祖之法雖在，卻與今世之世道相去遠矣！故先祖之法，當因時而變，因事而變，創新則生，守舊者亡，修習佛法亦復如是。

一個知足的人，任何人也傷害不了。一個悟道之人，即是剛，亦是柔。正謂君子不器，不會被任何形態鎖定，他是自由自在的，來源於行者擁有足夠的大智慧，內在的涵養如虛空。

不會感到辜負，因為起心動念，不是佔有，也非自利。

「可可」願意與盧師尊談談心，過過清幽的日子。

「可可」的三個問題如下：

一、如何得內在之光？

二、空求的意思是什麼？

三、如何回歸星河？

盧師尊簡答如下：

一、「內心的光明」，十六世大寶法王告訴我：「你的內心中，永遠的坐著你的本尊。」

二、「空求」的意思是，不用去求什麼。任何時事，隨緣、隨順、隨份，法爾本然。這樣就可以了，我們行者是「無所求」。

三、「如何回歸星河？」我說，沒有此岸彼岸，此岸即彼岸，彼岸是此岸，當下即是。

（維摩詰說的）

回答第一段文字：

精神與物質的平衡，我說：「色即是空，空即是色。色不異空，空不異色。一切如如。」

回答第二段文字：

出世與入世的均衡，我說：我的願力是「生生世世度眾生。」

出世是死。（寂滅）

入世是生。（方便度生）

已經「了生死」的人，「無生也無死」，不生不死，不死不生。

已無出世入世之分了。

第三段文字的回答：

《呂氏春秋》所言極是：

「窮則變，變則通」。

「法無定法」。

也就是一切都不執著。

後面幾段文字，我讀了「心平氣爽」：

因為「佔有」也是「無所得」。

因為「自利」也無「利益」。

我常常看著「天」，想想「虛空」，無論世事如何變化。

「虛空永遠不變」，任它打雷、閃電、暴風、暴雨，「虛空仍然是虛空」。

「凰凰」談聚散

「凰凰」是一位學校的「心理輔導」老師。

她五官端正、圓臉、兩個眼睛很大，說話平直，舉止端莊，不施脂粉。

她的穿戴很樸素。

從外型看，就是一般般的女子，很平凡。

唯一的是：

她流露著平凡中，特殊的氣質修養，這就是她的素養。

但是，她也有一股特殊的情意。

有一天，

她偷偷塞給我一封信，信文如下：

親愛的盧師尊：

分開數月，有一串串長長的思念，無盡。……

相聚又分離。

分離又相聚。
總是聚散兩依依，有時淡，有時濃，但也令人陶醉。
剛開始，不習慣，也有垂淚哭泣，漸漸的變成木然。
常常想留在您身邊，長相伴，但聚散就是人生。
您說的法，我懂。
我們的心靈從來沒有分離，而且密切的在一起。
但，沒有見到您，就是一種失落，總是期盼著，期盼著。……………
如果有一天，您真的離開娑婆世界，我想我如何活？如果時候到了，務必記得我，請帶我一起走！
您說法時說：
「愛情像閃電，很快就消失了！」
這點，我不苟同。
我認為「愛」可以永恆！這是我的信念！
現實無奈！
聚散無奈！

距離無奈！

相隔一道墻，也是無奈！

我理解您的「閃電」，但，閃電也是一種永恆。

心靈的閃電，沒有聚散，也沒有阻隔，我念著您，永遠延續，生生世世相接續著！

我每天的行、住、坐、臥都有您，您的法語、您的加持、您的慈悲、您的愛，已融入我一天二十四個小時之中。

一直都在一起！

您我是一。

很慶幸，很珍貴，每個相聚的一分一秒，我都很珍惜。

請佛住世，常住世間，不管多少聚散，這一生我無遺憾。

願：

活一天，快樂一天！

活一天，幸福一天！

活一天，修行一天！

愛您的凰凰

我寫給「凰凰」的：

凰凰：

有關「聚散」，「釋迦牟尼佛」已說的非常明白了：

有生必有死。

有盛必有衰。

有聚必有散。

這些是「無常」的真諦。

李叔同（弘一大師）的〈送別〉，最是令人感慨萬千。

長亭外，古道邊，芳草碧連天。

晚風拂柳笛聲殘，夕陽山外山。

天之涯，地之角，知交半零落。

…………。

這首〈送別〉，我從小就會唱，今天再唱，更是令人迴蕩！

「聚散」是必然。這包含：
長輩與我。
我與晚輩。
夫妻聚散。
朋友聚散。
同學聚散。
（天下無不散的宴席）
總會有一天，我與五百萬弟子，終會「散」，我的肉身不見了，而且是永恆的不見，這就是一別永別。
什麼都會沒有的，財、色、名、食、睡，全部歸於「空」。
「凰凰」，千言萬語，只剩下思念，妳說的對，心靈不會分離，我盼望，在「摩訶雙蓮池」永恆的相聚。
回歸星河！
回歸瑤池！
回歸摩訶雙蓮池！

那時候的「任運自在」，如此才不會遺憾！

詩：

人生共如此，
只是萍相逢；
何不學金仙，
逍遙無生死。

「斯斯」寫的詩

「斯斯」寫了一篇散文詩給我，我看了很歡喜，我總覺得，她實在是「有心」，我怎能辜負？

散文詩如下：

說不出有多喜歡
去見您
「斯斯」肯定是飛奔
眉間的笑靨
鐫刻著
情意無法想像

畫間是透過思量
夜晚
仍然是一樣

我寫的每一個字
墨色淌
也泛黃

夜深人靜
窗紗微微亮
洞見了真實的情
無悔
無條件
就寫下了一篇篇無憾

應無所住
而生其心
「斯斯」沒有什麼特別的期望
我在提昇自己
自己向內看
畫著您我的相

我（盧師尊）同樣用「散文詩」回覆：

別來還記否
歌劇院的那一幕
小小的涼椅小園
那就是算數
妳當記得
我說過不敢辜負
細話初心
一路坦途
一切順遂
知道往事不可追
但
眼下亦未停下腳步
並不在于朝夕相處

也不在乎這一日二日
勿執於時光
只在於心中
永遠的安住

放輕鬆一些
放快樂一些
那就是金風
也就是玉露

我將心法傳給妳
一心在上師
一心在本尊
一心在護法
西飛之時
此情就在當下悟

「易易」的尋覓

「易易」是藝人。
唱歌、舞蹈、連續劇。
得過無數的獎，走過無數的紅毯，在她的四周，掌聲如雷。
她瘦瘦高高，長髮飄逸！
她的經紀人，限制她的吃，她必須保持一樣的體重。
增一分則太肥！
減一分則太瘦！
她是我的弟子，她演戲時，能融入，表情不是做作。
一切自然而然。
她給我一封長信，我一字不改的登出：
最敬愛的師佛：
別來無恙！

提筆給您寫信，是對您無比思念的寄託，常抬頭仰望天空的雲朵，盼白雲把對您的思念，帶到遠方的您！

師佛，弟子「蓮花易易」，今年皈依十一年了（正月初九）這十一年來，弟子非常感激師佛的大力加持，師佛對弟子的關心，師佛您辛苦了。

在小時候，最愛聽的一首歌，是〈歸人〉：

心裡有話千萬句，不敢告訴你，
我曾經問過天，也曾經問過地，
你為何不能不能在這裡，聽我細述心曲，
你是否聽見我在呼喚你，
我多麼盼望你回到這裡，
心裡有話千萬句，
只能說給自己聽，
句句藏心底。

小時候，我總愛對著天空，唱這首〈歸人〉，貌似在對著遠方的某一個人訴心曲，又常常在，呼喚著某一個人，師佛，那個人原來就是您。與您相逢之後，更是在無數的夜裡，對著夜空，唱著「您為何不能不能在這裡，聽我細訴心曲，您是否聽到我在呼喚您？」師佛您應該知道吧！

師佛！我在十幾歲時，最愛讀「三毛」的書，喜歡自由地漫步在「撒哈拉沙漠」，看那哭泣的駱駝，想著雨季不再來，想念「滾滾紅塵」裡的我們。常常問天，您知道昨夜「夢裡花落知多少」嗎？

也許就是喜歡「三毛」，以至於家裡幻想出來的「阿飄」，如同「三毛」的形象。

師佛說法時，偶而提到「三毛」，我心裡會糾結一下下，因為覺得自己與「三毛」有相似之處，但我沒有她的文筆及自由的心。師佛！我常常覺得自己是來人間流浪的，流浪遠方，流浪。……………

我感恩師佛，把迷路的我（意念），帶回了菩提正道。

記得十一年前剛剛皈依，師佛就要我修本尊。因為在皈依的隔天，在三轉「尊勝佛母」法會晚上，就夢見一道白光從喉心，射向虛空，有一個聲音對我說：「那是妳的本尊！」，但，因為才皈依，根本不知本尊是什麼？後來師佛才幫我解釋。

之後，有無數的夢示，都給師佛報告過了。有一回修「綠度母」，便開始有了「度母」的連結，另外，對「伊喜措嘉」有更深的連結。

我與師佛之間，師佛對我的指導，很用心。有一晚，有聲音說：「我們之間不需言語。」我聽了很感動。

無知的我，天真的我，與師佛無需言語，但，有默契。

一個眼神，一舉手，一投足，我們就彼此了解了一切，那是愈來愈靠近了，愈來愈親密。

突然之間，我明瞭「如來藏」、「真如心」。眼所看見的，不是眼所看見的！

耳所聽見的，不是耳聽見的！

一切唯心造。

這宇宙萬物，沒有，都沒有，連心也沒有，一切都是虛無。

不去執著，學會自自然然，我明白了：

什麼都不是！

不用強求什麼？

自然就能合一！

師佛！很多時候，我無法寫出我想說的，無法清楚傳達我心裡所想表達的，師佛！您能明白我在說什麼嗎？

我說：我是「伊喜措嘉」！

您是，蓮華生大士！

現在我無所謂了！感恩您！

法不用求，

我如如不動，

道在其中。

師佛！弟子也有學習瑜伽，哈達瑜伽、阿難陀瑜伽、勝王瑜伽等等，這些動、靜功夫，可以幫助進入禪定，我懂了！

最後，我要說：

「如果可以，有一天，我願走出紅塵，依附著您，將自己的身心交付給您。唯願此心不再顛倒迷惑，清淨自在。」

感恩盧師尊為我授記！

易易

我（盧師尊）寫給「易易」的：

我舉例說明：

有一天。

大海裡的小魚兒哭了！

大海問：

「妳怎麼哭了？」

小魚兒說：

「您不懂我的眼淚！」

大海答：

「我懂妳的眼淚，因為妳就在我的心裡啊！」

我的意思是說：

佛心裡，清清楚楚，明明白白，而且如虛空，容萬物，明白因緣果報！

盧師尊明白妳！

妳的心曲我知道，我會帶妳走向正道的路，而且，不見不散！

又：

妳問：「什麼是三際一如？」

我答：「過去、現在、未來。時間是串起來的，實無分別。」

認真的想：

「無我、無事、無心。根本一切都無有，時間也是人定出來的，這就是一如。」

告訴妳：

「無來、無去、無生、無死。」

這妳要學習！

生在生處，死在死處。

無所不在！

處處在在！

妳我在任何一個地方，東南西北！

又：
妳說：
尋尋又覓覓！
我怎麼會在這裡？
我漫步在沒有人的大地，
那更是讓我孤寂，
雖然我臉上不露痕跡，
在我的心中有一個祕密，
尋找屬於我的園地。…………
我答：
不用尋尋覓覓！
妳根本就沒有在這裡，也沒有在那裡，
沒有妳，沒有眾生，沒有一切，
本來就是寂滅，
那根本就是一場夢幻舞台劇，

一聲鑼鼓歇！
不用尋找！
這整個全是妳我的園地。
明白嗎？
又：
勝王瑜伽——內在的能，變化心的能，到佛性的能。
王中之王瑜伽——從一到〇，一滴水入於大海，化為全能。
（自我的成就，與自我的解脫）
這時：
妳是阿誰？我是阿誰？
妳我不分別，明白嗎？
信受奉行！
永住於無上喜悅之境，光明無盡，沒有始，也沒有終。

蓮生

三界如幻
知無所得
二〇一五年十月

星星的話（之一）

諸葛武侯《戒子書》云：

靜以修身，儉以養德。

非澹泊無以明志。

非寧靜無以致遠。

我（盧師尊）云：

靜到成一念，甚或至無念，身心皆清淨，身口意皆清淨。

勤儉我認為有二，一者精進是勤。二者生活簡樸是儉。由簡樸生愛惜萬物，是慈悲與愛。

由寧靜致遠，由勤儉明志。

我說：

做好每一件小事，就是做大事。

要求不是很高，一步一步來，我的志願很小，但，可達彼岸。

時間不語，卻回答了「所有」。

七十古來稀。

十年少小，十年老弱，剩下五十年，再分晝夜，剩下二十五年光景。

這二十五光景，又有刮風下雨，又有三災六病，每一個人一輩子能剩多少好時光！

所以（盧師尊）說：

活一天，感恩一天。

活一天，快樂一天。

活一天，寫作一天。

活一天，畫畫一天。

活一天，修法一天。

我活在當下，珍惜每分每秒，我沒有星期日，也沒有禮拜六。沒有過年與過節。

如此安心。

如此充實。

星星說：
敬日月星共鑑此生。
允長廝守不離不棄。
願平安順遂來共度。
誓大地上你我同心。
我說：
同心同德。
心與心同。
德與德配。
論起古今中國醫學巨擘，這些老祖宗值得敬佩：
伏羲氏——畫八卦者，天、地、雷、風、澤、水、火、山。有「易」有「醫」。
（嚐味百藥，制九針）
軒轅氏——《黃帝內經》、《黃帝外經》、《素女經》、《玄女經》。………
（論道及醫理兼備。）

神農氏——神農嚐百草，一日而遇七十毒，醫學始祖。
（炎黃子孫，指的是神農氏及軒轅氏的後代）
王唯一——針灸銅人。
李時珍——《本草綱目》。
王叔和——中醫脈學。
葉天士——清代溫病學家。
張仲景——東漢醫學家。
雷　公——中藥炮制祖師。
皇甫謐——針灸始祖。
扁鵲——戰國名醫。
（扁鵲、華陀、張仲景、李時珍是中國四大名醫）
華陀——外科祖師爺。
（曾為關雲長開刀，是三國時代之人）
孫思邈——藥王。
葛玄、葛洪——著名的道家醫王。

歧伯——黃帝之師。

…………。

我（盧師尊）說：

中國最早的醫學，是道醫不分的，修道的人都是生理及心理的醫生，後來才道家與醫家分開。

我覺得他們都很偉大，道是道，醫學也是道。

我最近讀了《中國古代養生集要》一共有三巨冊。

其中言及人物與醫方甚多：

老子。關尹子。黃老學派。

《周易參同契》（魏伯陽）。

黃庭經、葛洪、陶弘景、王屋真人、赤松子、陳希夷、玉溪子、張三丰、孫汝忠、朱權、洪基、鍾理權、呂洞賓。…………

他們都是修道人，但兼通醫道，有才有德，成就非凡。

據我所知：

道家法派甚多，但重點是南北兩派。

北派以王重陽為始祖，以其弟子丘長春等七人，稱北七真。（全真教）

北派以清淨單修為主旨。

南派以劉海蟾為始祖，傳法宋朝紫陽真人張伯端。張傳石杏林、石傳薛道光、薛傳陳凡、陳傳白玉蟾是南五祖。

（南派有雙修法）

另有：

東派——陸潛虛。

西派——李涵虛。

中派——李道存。

青城派——青城丈人。（清真道長傳盧勝彥）

伍柳派——伍沖虛、柳華陽。

三峰派——張三峰。

另有陳希夷傳火龍先生，火龍傳張三丰，這是新派。

（張三丰與張三峰是不同人）

道家主要三種修練：一、人仙，長生不老。二、地仙，結內丹（聖胎）。

三、天仙，脫凡胎，駕五色雲，赴玉京。

重點是：

修出純陽。（外丹）

結出聖胎。（內丹）

脫殼飛昇。（還丹）

有三首偈非常重要：

金液還丹道，從頭說與君，入門初下手，先須固命根。進氣開玄竅，補血養元真，精須從內守，氣還向外生，精神共血氣，四象會中庭。

（這是密教明點無漏）

等候一陽生，后天火數足，歲月莫空輪，速采含眞氣，峰提第一登。火候分文武，金水辨濁淸，用意要虔誠，催藥上昆崙，降得重樓下，明月照乾坤。

（這是密教拙火明點開五輪）

萬神來擁護，固守紫金城，進退行水火，沐浴按時辰，十月火功足，六百卦爻勻。忽得天門破，報導嬰兒生。調養成熟後，穩駕五彩雲。衆仙來接引，乘龍上太清。行滿功完日，逍遙上玉京。

（這是密教身化虹光，即身成佛）

我（盧師尊）說：「這是道密源通也。」

星星的話（之二）

佛家不講養生，卻最養生，其讓我們不要太關注自己的身體，就是一個臭皮囊，放下一切雜念，四大皆空，回歸空性，莫執著，莫著於外相，肉體也是一種相，和無始貪瞋痴，我們打坐的時候，能量是最大的，有助身心健康與精神專注，所以佛家客觀上非常養生。因為他同時還教我們定、靜、安、慮、得……種種。

古人曰：吉人自有天相，其實吉人就是有福氣的善人，天相即是得到上天的眷顧護持，《道德經》言：天道無欺，常與善人，上天不會偏袒任何眾生，只會護持幫助，只要通過行者內在的修鍊、修行和修養，讓自己成為一位吉人，一位有福氣的善人，上天自會眷顧，眷顧那不僅僅善良，還是一個持續行善的人，正心正念真誠去幫助眾生、善不積、不足以成名，若心急，有所求，可能就不再是善念囉。所以，一位敬畏天，尊重規則，德行厚重，厚德載物者，必有德於內，當德行大於外在物質時，無形的宇宙能量守恆會幫助行者達到平衡。

於是，人在覺醒的時候，會有平和力、內驅力、洞察力、覺知力……

心很貴，要裝最美之東西；時間很貴，要做有價值的事情；情緒很貴，要接觸讓我們快樂的人；自己很貴，一定要照顧好自己；餘生很貴，要讓自己健康快樂。

我們越隨喜、越富足，例如：隨喜讚嘆，意謂著我們的胸懷和富足的心，人生沒有什麼放不下的，不必耿耿於懷，聚，既不是開始，散，也不是結束，人越智慧話越少，任何關係走到最後不過相識一場，有心者有所累，無心者無所謂，情出自願，不談虧欠，一念起，天涯咫尺，一念滅，咫尺天涯，沒有好壞對錯，只是呈現不同狀態，做出不同選擇，允許自己做自己，亦允許他人做他。人生只是一場體驗，不是用來演繹完美，接納自己的缺失，原諒自己的遲鈍與人非聖賢，允許自己出錯，允許事與願違，接納無常，帶著缺憾真心綻放。

不害怕失去，繁華三千，看淡即是浮雲，煩惱無數，想開便是晴天，心中有事還能若無其事，便是格局和閱歷，人在本質上其實只有經歷，沒有年紀，我們是來意識→經歷→體驗→試錯，也是來增進認知、勇氣和執行力的……

盧師尊對「星星的話」，很有感觸。她的話，就是「三十七道品」。

「四念處」就是智慧的觀念。使人的心性，正而不邪。

身不淨。

受是苦。

心無常。

法無我。

「四正勤」就是斷惡修善。

已生惡念令斷。

未生惡念令不生。

未生善念令生。

已生善念令增長。

「四神足」就是四種方法「定慧」而得如願。
欲樂滿足。（欲神足）
精進不懈。（勤神足）
一心正念。（心神足）
心不散亂。（觀神足）
五根——信、進、念、定、慧之根。
五力——信、進、念、定、慧之力。
（這是破除障礙、懈怠、昏忘、散亂、愚昧也）
「七菩提」就是七種覺。
對「法」的智覺。
對「精進」的力行。
對「喜善」的覺受。
對「輕安」的心覺。
對「念」的正等。
對「定」不散亂。
對「佈施行捨」的進益。

「八正道」是正見、正思惟、正語、正業、正命、正精進、正念、正定。

這「三十七」道品，在我以前的書中，也曾經寫過。但，重新提出來，也是極正面的，須要珍視之。

星星說：

「一切關係，來去自如，開悟蛻變，循道而行，此行光明，受諸受，無所受。」

我們常說：

「和光同塵！」

星星快樂，盧師尊快樂。

西雅圖有冰點，但也有溫涼。

星星無憂，盧師尊笑的燦爛。

我看著妳的照片。

妳的酒窩笑笑……………。

星星的話說：

「夜如何其，夜未央、庭燎之光、君子至止、鸞鸞聲將將，即便天降大雨，仍是如此美好寧靜，可是人啊，不能貪戀這種美好，不可安於現狀，不可停滯不前世間許多事，説的容易執行何其難，金玉滿堂，莫之能守，富貴而驕，自遺其咎，功成身退，天之道也，臨行之前，讓星星陪您走一段，好嗎？」

我（盧師尊）說：

「當然好！」

我已經走了人生一段很長的路，帶著豐滿的心路歷程。

翱翔的雄鷹要棲息了！

策馬奔騰累了！

我將停步了！

妳來安定我的心，來守護我的身，這是我波瀾壯濶的重生。

謝謝妳的包容、善良及妳幫我整理的心得。

謝謝！

「芝芝」的領會

「芝芝」離開西雅圖，給我一張卡片，上面寫著：

感恩盧師尊的慈悲加持！

感恩盧師尊在我離開西雅圖時，告訴我：

「法身隨妳而去！」

謝謝您賜下弟子師尊無比珍貴，而又無所不在的法身。

祂常伴弟子左右，為弟子釋疑解惑，加持弟子做好每一天的修行功課，發揮去做利益眾生的事業。

盧師尊說：

「每逢困難，告訴法身，祂會幫妳！」

「有何困厄，法身能助妳！」

聽了《維摩詰經》感悟如下：

理論上：

這世間「無我」，沒有欺負我的人，也沒有欺負這回事。

我現在明白：「什麼是沒有忍辱的忍辱，沒有佈施的佈施，沒有持戒的持戒，沒有六度萬行的六度萬行。」

祈願：

一切吉祥！

快樂無憂！

芝芝

我盧師尊回覆如下：

我與法身不二。

（這是不二法門）

例如：

銅鐘及鐵椎，是不分開。敲了就有聲音，不敲不會有聲音，二合是一。

我的法身無所不在。

跟隨妳回去！

這句話是多餘的。
妳的領會極好！
一體同觀，沒有六度萬行的六度萬行！
在這世上：
原本就「無事」。
原本就「無心」。
不管什麼事發生，都是好事。
「欺負」是「禮物」。
什麼都是無所得，也是無所謂，我們都是隨順而已！
一如往昔。
保任真心。

蓮生

寫給「芝芝」的詩：
妳走之後有寒流
天飄雪花綿綿球

月華隱去自我相
從此悟道上高樓
另：
松枝不怕雪
只是蓋白頭
抖下諸煩憂
靜心更可修
另：
法身是好友
冥冥來護佑
不管秋或冬
總在汝心頭

（芝芝，我記得很多年前，妳的模樣。最近看到妳，還是一個模樣，妳一直都沒有變。妳的髮型，妳的眼睛，還有，妳還是一個小小孩，白衣黑裙。）

病中的心語

親愛的：

在我身體不適，很虛弱躺在床上的時候，我問我自己，如果人生今天完結，你有什麼最後願望？我第一次聽到靈魂的聲音，像雷一樣的大聲，説：「我要見您！」原來我人生最後最後，最想最想的原來是您！哈哈～我愛您！面對死亡時刻，我內心深處，最希望能夠再見您！冬有千窗雪，花落成思念，願有歲月可回首，亦有深情共白頭，人生若只如初見，前兩天，咕嚕咕咧佛母把我們初相識的回憶片段在我腦海重播，我感動得哭了，因為如此珍貴的回憶，在時光的消磨下日漸褪色，一旦遇見，便一眼萬年，可惜相念而不能相守，當時情，誰人知，誰可訴？思念陪伴著我，如此便患了單思病。我很遺憾當時年紀少，不懂得訴説情感，只感覺委屈，心在流淚。後來有一天，我才恍然大悟，原來您不知道。可是事過境遷，當初的誤解也只有隨風飄散；我心中還有一結，上年來美，我問：可以看您畫畫嗎？我知道有人去看，您說：不方便，當時，我明白，若人生能停留在那驚艷，傾心、知心、相信、相守，相愛的初見時光，該有多好？若在相愛之時，能夠好好的愛，這份回憶，是非常寶貴的，很特別，對您的感情，昇華了，沒有怨，沒有淡，只有深深的祝福，願您身邊常有愛人陪伴，常有笑聲陪伴，常有深情陪伴，我在旁邊看到您，就已經覺得很幸福，希望您知道，天下間有一個我，願意分享我的愛、我的壽命，於您，雖然微不足道，但希望能溫暖一下您的心！

二〇二五年，祝願你歲歲平安，幸福滿滿，請佛住世。

請特別加持我可以馬上有錢，馬上到西雅圖親見您一面。

好想您　好想您　好想您　好想您

是夠力夠好想您　真的西北西北好想您

好想您　好想見您　好想抱抱

這封信的作者，在我的人生當中，是很重要的一位。她熱情、動人。

她有一張照片，我把她放在我的書桌上，每天寫書時，我會看到她！
我這一段時光，很久沒有見她來西雅圖了，但，我確實不知道她病了！
請原諒盧師尊的疏忽！
我實實在在對妳說：

記得當年
一笑如珠串
一眼如電閃
雖然相逢晚
但深深印記在心中的月光亮

總有牽情處
只是隨風飄蕩
流水浮萍
聚散兩依依
就是這樣已堪愁悵

妳病了
我也病了
不是單相思
有信不敢寄于
只是學菩薩低眉樣
有人問我還有何說
我答
茫茫天涯路
去來不定
唯有一起飛到青天上

小女孩的純真

親愛的師尊：

展信佳。

在寫這封信之前，我一直在猶豫不決。糾結要不要寫給您。因為我害怕自己的中文不太好，不太會表達。而且我不是一個很會說話的女生，也不太擅長和人聊天交流。但是在一番糾結過後還是決定要勇敢一些，於是這封信就出現啦。

第一次寫信給您，我想了很多，但是卻不知道該說什麼才好。想了想還是從那個令我印象深刻的夢說起吧。

記得是在疫情期間，在家隔離的那段時間夢到的。當時的我在讀初中，因為從小內向，又沒什麼朋友，一直都是班裡的小透明。心裡就一直很期待能擁有一些和我有共同話題的朋友。那時的我太過在意友誼，讓自己陷入到了抑鬱的情緒裡，每天都很難過。直到疫情的開始，讓我從學校，那個唯一一個會讓我和同齡人接觸的環境裡隔離出來。還有那個夢讓我逃離了抑鬱的情緒。

我夢到了師尊您來到了真諦雷藏寺，而我在廚房洗碗。從廚房出來之後我看到了您在一樓飯廳裡，然後我走向了您。不知道為什麼那時的我在夢裡向您詢問，問可不可以擁抱您？然後您就給予了我一個很溫柔的擁抱作為回答，在擁抱的那個瞬間我的眼中充滿了淚水。

所以非常非常地感謝您，在那時最難過的時候出現，給予了我一個溫暖的擁抱。

在那段期間，我也和爸爸媽媽一起聽蓮訶上師講解《解脫道口訣》這本文集。從那段時間之後，我不再強求和執著友情，我開始接受孤獨，不再排斥這種情緒。我明白了人生是一趟公交車，有人會在途中陪伴你，也有人會在中途下車。到最後我還是會一個人抵達終點，然後再與大家重逢。

雖然現在的我還是依然會害怕孤單，但是每當我感受到孤單的時候，我就會想到師尊和佛菩薩會在我的身邊，會一直陪伴著我，所以我就不再害怕啦。

其實現在的我已經擁有了好多朋友，可是每當我想進一步的融入那個圈子的時候，我還是會感受到一股「排斥感」。我融入不進去，彷彿自己不屬於那裡。但是轉念一想，融不進去就不融進去了。我就當做是一場戲，我是戲中人，也是戲外人，我只要做好自己就好啦。

悄悄地對您說一個不算祕密的小祕密。我相信無論我變成什麼樣，師尊都不會用異樣的眼神看著我，不會拋棄我，會一直愛著我。所以，才有勇氣寫下這封信的，嘻嘻。

非常謝謝您願意看到這裡，願意聆聽我的聲音。謝謝您願意看見我，收下這封看起來有些無聊的心事。真的、真的非常感謝您，沒有您，就不會有那個不再孤單的小女孩。是您的書籍，您慈愛的目光，您的加持拯救了我。

希望能夠成為一朵小花。不需要太鮮艷，普普通通的，但卻又獨一無二。希望這朵小花，能夠生生世世都陪伴在師尊的身旁，安安靜靜的，一直到永遠。

永遠愛您的弟子蓮花敬上

二〇二五年二月五日

又及：不大會寫繁體字，字寫的不太好看，還請師尊海涵。謝謝您！

回覆小女孩的信

純真：

展信快樂！

我喜歡叫妳「純真」，因為妳的信，很純很真，老實說，盧師尊最喜歡的就是「真」。

我們學佛。

是去掉虛妄，去掉虛妄，才能現出「實相」。

妳不能融入朋友之中，也不是壞事。記住：

妳有妳的路，

她人有她人的路，

各走各的路，

不要試圖去改變他人，一切順其自然就是好。

見到人，聽聽他人的話，不要自己說的很多，少說話，學習他人的長處。

他人對妳的評價，聽聽就好，千萬不要放在心裡。
不要苦惱。
因為快樂，才會有好運道。
南宋，陸游的詩：
天際晴雲舒復卷，
庭中風絮去還來：
人生自在常如此，
何事能妨笑口開。
在夢中，我給妳一個溫柔的擁抱，這是妳需要人的關懷，有了關懷，情緒就穩定了，心不亂，凡事皆可解。
妳不會孤單，只要妳念我的心咒，我在妳身旁，不管在那裡，天邊海角，我的法身常陪伴妳！
妳的信寫得很好，我懂得妳的心，妳有一個幸福的家庭，恭喜妳！

蓮生

蓮屹的親證

弟子蓮屹於藥王度母的法會後有一些感想，寫下與師佛分享：

感謝師佛辛勞主持乙巳年春季觀世音菩薩大法會，並率領大眾虔誠禮敬蓮華部諸尊，特別是藥王度母，祈請甘露降臨，拔除眾生的病苦，賜予我們身心安康。

今日，師尊的祈禱幾乎是發自肺腑的吶喊，充滿悲憫與迫切之情，令人動容。弟子深感這是一場至為慎重且直接的示範，教導我們如何向佛菩薩祈禱。這份祈禱，如同「千艘法船的超度」儀軌一般，雖然簡單直白，卻蘊含著至誠至切的悲願，能夠深深觸動佛菩薩諸尊的慈心。

佛法五部之中，蓮華部諸尊涵蓋部主阿彌陀佛（盧師尊）、部母大白菩薩、金剛護法馬頭明王、眷屬十方大乘菩薩，乃至明妃綠度母——綠度母又化身為二十一度母，其中之一即是藥王度母。

隨後，師尊帶領大眾一心敬禮綠度母化身的藥王度母，祈願其降下甘露，注入所有水瓶之中，先救拔眾生百病疑難雜症，再護佑師母，最後才祈願救度自身。

這般殷切懇摯的祈禱，再加上師佛的三本尊——「啓蒙本尊」瑤池金母、「本地本尊」阿彌陀佛、「誓願本尊」地藏王菩薩的勒令，必能讓師佛與大眾所求如願。

最令人印象深刻的是，師佛舉例說明：佛陀曾傳授佛頂咒救度阿難；尊勝咒救度善住天子；隨求咒救度耶輸，甚至能救拔五逆重罪，消除病業與罪障，令亡者往生淨土。師佛苦心為弟子爭取一切可能的機會，使原本帶業受刑之人，因佛菩薩的威神加持，而得以減輕罪業、轉化業報。

弟子略述自身所見：

當師佛步入會場試音響，念誦八大本尊咒語的瞬間，佛菩薩即降臨會場，靈氣充滿四方；當師佛懇切誦讀祈禱文時，阿彌陀佛與蓮華部諸尊確實降下湛藍色的甘露，我清楚地見到甘露落入每位弟子所持的水瓶之中，然後融入弟子身心，再進而遍及整個娑婆世界的湖水、井水與自來水。這一片湛藍如佛性之光，彼此映輝交融，遍滿虛空。

那一刻，弟子不禁淚水滑落，眼淚與甘露同樣湛藍。沉浸在這一片湛藍之色，感受師佛與諸佛菩薩的悲憫與慈愛。因體會出心、佛、眾生三無差別，故諸佛所願，亦是眾生本具的願；諸佛之悲心，亦源於眾生自性中的無量慈悲。

縱然這世界如夢如幻，生老病死似是無可避免的「刑法」，然而，本性卻從未曾動搖。它不為生滅所轉，不為苦樂所擾，如虛空般無礙，如明鏡般澄澈。當我們迷失於輪迴時，業障如重雲覆日，使光明難現；而當師佛以大悲願力演法，這層層積累的晦暗便在無形中消散。

弟子清楚見到，每個人身中的病業在這遍滿慈光的甘露中漸次融解。其實，無須等待奇蹟的發生，因為奇蹟早已存在——它不在遙遠的未來，而是當下，當我們因師佛的引導而與自性相應之時，便已經超越了病苦與輪迴。這正如撥開漫天厚重的雲層，耀眼的日光本自如是，無需造作，無須求索，只待顯露。

願一切眾生皆得此覺，離苦得樂，究竟成佛！

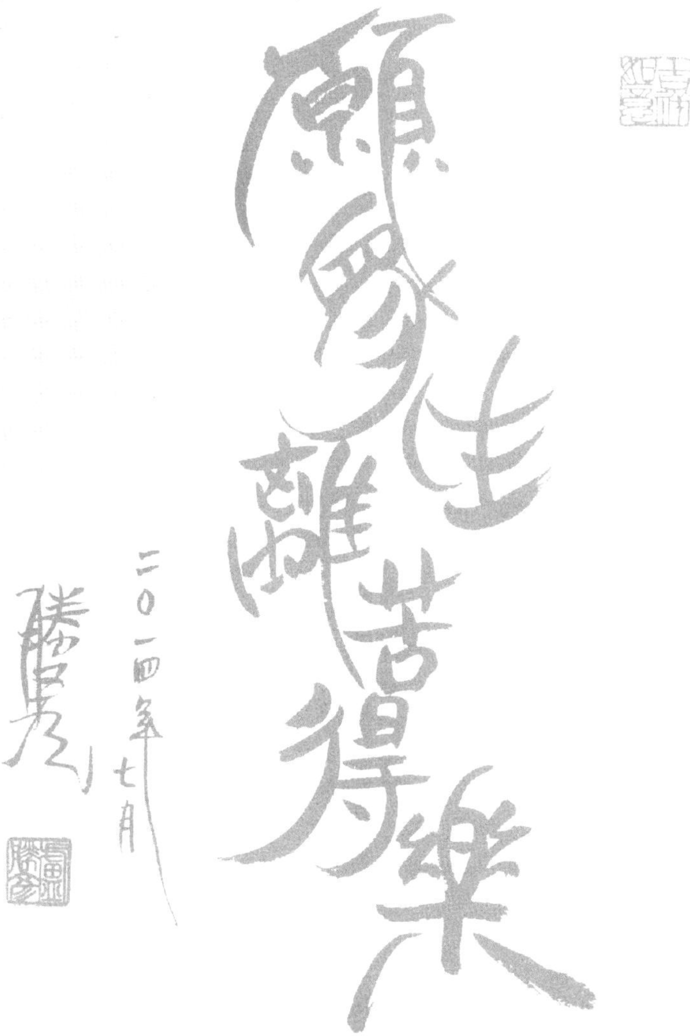
願眾生離苦得樂
二〇一四年七月
勝彥

寫給「蓮屹」法師

「蓮屹」自幼具大慧根，從小就有修行出家的志向。

相貌莊嚴。

年輕俊秀。

他讀書成績名列前矛，懂多國的語言，知識淵博。

他的學歷是挪威的醫學博士，他的病患稱他是「和尚醫師」。

我曾問他：

「你到過欲界天嗎？」

他答：

「去過！」

再問：

「你去過色界天嗎？」

他答：

「去過！」

三問：

「你去過無色界天嗎？」

他答：

「去過！」

他最後補充：「是盧師尊的法身，帶著我上去的。」

就憑他去過「欲界天」、「色界天」、「無色界天」，就已經令人驚嘆了！

未來他是「真佛宗」的棟樑，真佛的弘揚，在他身上，他可以成就一代宗師。

娑婆世界的名望，並不重要，那不過是吹泡泡而已！

重要是「身、口、意」清淨，身化虹光，即身成佛。

「蓮屹」法師，已於娑婆放下一切，願荷擔如來事業，實在可喜！

「藥王度母」筆記

二〇二五年二月。

我主持了「藥王度母」法會及「多傑佐烈」護摩。

我隨筆寫下一點紀錄：

藥王度母是綠度母的二十一位度母之一。

身黃色。

咒語：「嗡。達列。都達列。都列。沙爾盧左拉。沙爾瓦度。卡雜下瑪阿吽。梭哈。」

手印：度母印。

修此法可治一切病苦，故稱「藥王」。

觀想（意清淨）

手印（身清淨）

咒語（口清淨）

藥王度母手印

只要藥王度母下降，普灑甘露，眾生飲甘露，會有奇驗。

我的大祈禱是：

讓坐輪椅的站起來。

讓手持枴杖的丟掉枴杖。

讓長癌瘤的消失掉。

眼瞎的看見，聾子聽見，啞巴說話，癲癇的立止，暈迷的醒過來。發炎的停止發炎。

一切疑難雜症，病苦一律停止。

我但願解除眾生的病厄，以「多傑佐烈」消除眾生的業障。

奇蹟如下：

一位西人女子，出來做證，她走下輪椅，將輪椅推上車，從此不用坐輪椅了！

又香港的一位師姐，被診斷為淋巴癌四期，癌細胞已經全悉消滅，報告結果完全正常。

（她本人念誦《藥師經》，一〇八部，蓮師咒無數）

她說：

當盧師尊念誦咒的時候，毛孔動起，意識到癌細胞從毛孔散出來。

她抗癌成功！

又台灣的一位法師。

因注射了三劑新冠肺炎疫苗後，荷爾蒙失調，月事失調，每日不斷，血崩一大塊，一大塊掉出來，痛苦不堪！

法會時，感應甘露水注入水瓶中，她不斷流淚，法會後飲甘露水。流血立斷。

奇驗！

又一名甲狀腺功能亢奮者，法會後，病症消失，憂鬱症也消失了。

她的爸爸第二天能走路，把枴杖丟掉了，完全不用枴杖。

真是不可思議！

又一名癲癇病患，一天要發作一次，法會當天，沒有發作。

他自言全身發熱，連續三天，都沒有發作，完全正常。

又一名西人女子，醫生診斷將會失明，法會後，竟然看得更清楚了，眼睛由迷朦變明亮。

她的朋友嘖嘖稱奇！

才一天，變了一個人。

又有一位天天失眠者，法會當晚，睡得最香，從未曾有。

以後不怕失眠了！他說，天天都好睡！

哇！萬歲！

（其他很多奇驗，一天又一天的增多，以後再報導）

「蓮花淵聲」的心聲

一心頂禮 大恩根本傳承上師 蓮生活佛 師尊

弟子蓮花淵聲向師尊請安。

祝師尊 佛體安康、身強體健、身心愉悅、精氣飽滿、長壽自在、長住世間、利樂一切有情。

祝師母 身體安康、病業消除、精力充沛、一切吉祥。

弟子在去年十月份到西雅圖朝聖、供養師尊，當時非常快樂。尤其在鼓起勇氣表演服兵役時學的精準步操，弟子心裡非常歡喜，也恨不得能時常表演供養，甚至動念希望能有機緣培訓出一個小團隊編排出一場場精準步操的表演時時供養師尊。

然回來新加坡後不久就聽到師尊在法座上提到阿彌陀佛的五年及金母的三年「安排」，弟子心中頓感沉重。俗話說天下無不散之宴席；身為佛弟子更是應該明白體會無常及師尊常常提醒弟子們的「一切都會過去的」。的確曲終即人散，相聚的日子最終也會成為過去。但是師徒之情重如山、深如海，每五百年只相聚一世。對於弟子及許多不住台灣或西雅圖的同門，與師尊相聚的時間更是不足數月。昔年釋迦牟尼佛曾示意，但阿難尊者錯過了請佛住世一劫的機緣，最終世尊同意自在天波旬將會入滅，成為所有佛弟子的一大遺憾。弟子不願憾事重現，因此提筆懇請向師尊請佛住世。

弟子蓮花淵聲願以過去世最初發心乃至未來成佛所行的善行迴向根本傳承上師蓮生活佛師尊　請佛住世，祈請師尊　常住世間，延長住世多數年，饒益一切人天有情。

弟子蓮花淵聲願以未來際行菩薩道饒益一切有情所生功德迴向根本傳承上師蓮生活佛師尊　請佛住世，二祈師尊　常住世間，延長住世多數年，饒益一切人天有情。

弟子蓮花淵聲願以今世本尊蓮花童子的誓願發願：願隨師尊生生世世度眾生；如觀音菩薩頂戴阿彌陀佛，弟子生生世世度眾生時一直頂戴根本上師蓮生活佛　直至成佛。以此發願所生功德迴向根本傳承上師蓮生活佛師尊，請佛住世，三祈師尊，常住世間，延長住世多數年，饒益一切人天有情。

願金母及阿彌陀佛悲憫真佛宗眾弟子，讓弟子們能與師尊您再聚多幾年。願金母及阿彌陀佛原諒真佛宗眾弟子的任性，我們只是希望每相隔五百年的一聚能夠相聚久一點。

願金母及阿彌陀佛成全真佛宗眾弟子，我們還是常常犯錯的小孩子，需要師尊您的關愛及加持。

願金母及阿彌陀佛答應真佛宗眾弟子的請求，我們不敢奢求師尊住世一劫，但求多加幾年的時間，讓我們為師尊慶祝九十大壽、百歲大壽，因為師尊您如同弟子們的第二父母，也是不少弟子的再世父母，我們都不願那麼快失去那麼愛我們的親人。

最後願金母及阿彌陀佛感受真佛宗眾弟子與師尊您的師徒之情，情深如海、情重若山、情比金堅，讓此情能地久天長！

弟子蓮花淵聲　合十頂禮

二〇二五年一月十四日

盧師尊讀了「蓮花淵聲」的信，心中非常感動，謝謝你！
我常想：
生命如風中之燭。
富貴如浮雲。
愛情如閃電。
名望如吹泡泡。
抬頭望不知何處是歸途？回頭卻看不見來時路。
幸好有佛，照老僧心中的光明，如此安心，如此自在。
壽命不必很長，精彩就好！
天下無不散的筵席，不是嗎？
弘一大師的「知交半零落」，我已深深的體會到。
我寫詩：

西城無處不飛花。
修行弘法不堪誇。
如今年頭已八十。
只想行雲故鄉家。

寒雨與玫姿師姐

頂禮親愛的師尊！

昨天您問起空行祕密基地同門感應的事，這次是同門因緣具足，我請示過本尊之後，自己主動邀請他們去。但我告訴他們，絕對要保持敬意和守密。

同行的有一位師姐，名叫蓮花玫姿，她因為讀我寫的書，才想認識我。她很想親見蓮師，卻總是見不到：想好好修行，卻有很重的習氣卡住自己。於是蓮師來給我感應，有了緣起。（我去那裏召請了蓮師和祂的忿怒身、眷屬們）

※以下是玫姿師姐寫給我的信（她不知道是師尊在問，所以寫給我）

敬禮尊貴無上之根本傳承上師——蓮生活佛

感恩師尊大加持——弟子蓮花玫姿能在寒雨師姐的帶領，前往空行聚會所領受尊貴的蓮師及空行眷屬們的大加持尊敬的寒雨師姐您好：

真的非常感恩您的慈悲，帶大家前往空行聚會所。

那是一個充滿寧靜祥和的美妙場域。

在那裡感覺回到淨妙的家。

內心洋溢著久別重逢的喜悅！

今天清晨我夢見師佛！夢中師尊拿一張考卷給我，讓我寫下修行體悟。

我正在想——師尊要我寫什麼！不久就收到珈瑜師姐傳達您希望我們分享覺受。

原來是這樣！

於是，我就試著把覺受分享給您。

那一天對我來說非常重要。

可以說幫我接通了和家人們的聯繫。

只要眼睛一閉就可以看到我和家人一起修行的情景。

中間是蓮師，我們圍在一旁修行，我們一起唱道歌，跳著空行母的舞蹈！

往事歷歷在目，在在勾起往日的美好回憶。
這也不免讓我感傷—為什麼我會在這裡。
我什麼時候可以回去一起修行。
我也聽得懂天語也開始唱天歌。
但—只對蓮師唱
把我無盡的思念、分離的哀痛和衷心的祈願，傳達給蓮師祈求大加持。
我不需要再去期待見到蓮師，因為蓮師就在我心裡沒有分開過。
只是還有一種奇妙的感覺—我一直感受到家人的呼喚，希望我能帶著祂們喜歡的供品，再去空行聚會所看看祂們。
心裡有一種很深的感悟，我不隸屬於這裡，我是來遊戲闖關的。
時間到了，我還要回去真正的家人身邊，我們要一起快樂的修行。
也好—眼前的一切煩擾都不重要了！
當然—這一切的體悟都要謝謝您。
您真的是大根器的修行者，有修有證。
在不久的將來必定能讓真佛密法廣弘揚，利益無量無邊的眾生。

讀了此信，寫一詞如下：

題詞：

〈家人〉：

飛花不知何處去
隨風飄蕩不計愁
伴東風
逐水流
不知歲月何處遊
今到空行聚會所
原來自家樓中樓
圓滿日
說從頭
「家人」至此喜相逢

挪威的喜悅

弟子恭敬地向最尊貴的根本傳承上師敬禮，祈願聖尊佛體安康、長壽自在，並願在新的一年中，繼續大轉法輪，為娑婆眾生帶來無盡的福慧。

感恩聖尊親自主持乙巳年春季大法會，通過藥王度母無盡的悲心，拔除眾生的病苦；同時，藉著咕嚕多傑佐烈勇猛的大力，掃除弟子修行路上的種種障礙。

此外，弟子特別感謝師佛於去年十月，在弟子因腹痛痛苦難忍、輾轉難眠時，於西雅圖雷藏寺的法座上示現相同的病痛。當時，弟子身處挪威奧斯陸，卻感受到一種前所未有的輕鬆，疼痛瞬間減輕。我深信，這不僅是我個人的福報，必定是無數受苦眾生在同一時刻獲得了師佛的慈悲恩典。代眾生感恩師佛替代眾生的病苦，並祈願他們的身心早日解脫，因為眾生有病，師佛才有病。

在此，弟子簡單報告近幾個月的修行進程。

一、近期的禪定中，弟子有幸在師佛法身的引領下，遍歷欲界、色界及無色界天，層層疊疊的境界無比壯麗。如一九一冊文集中《諸天的階梯》所言，諸天境界深遠，佛國淨土亦隱藏其中，實為不可思議之境。師佛法身叮囑弟子，修行中不應執著於「大樂」與「光明」，要學會「捨」，並見一切法爾本然的「空性」，最終達到不取不捨。無論是大樂、光明，還是空性，都不執著其一，方能超越三界。

師佛曾告訴我：「當你與我合一時，你便是盧師尊的法身。」這句話弟子一直銘記於心，未曾敢忘。

由於簽證問題，弟子依然每週一至六在挪威診所工作。通勤路上，我常在禪定或持咒中，車上的每一位乘客的面孔都化為師佛的容顏。甚至早晨起來，對著鏡中的自己，也看見了師佛的容顏。

雖然弟子尚未能做到二十四小時保持禪定與師佛合一，但在面對挑戰的病人或特意刁難的上司時，我會提醒自己將他們視為師佛，謙卑應對，並學會不由「境殺心」，而是做到「心殺境」。

二、弟子在奧斯陸向許多病人介紹師尊，最近有一位病人Astrid突發疾病去世，丈夫特意來診所告知，並表示妻子臨終時特別交代要告訴「Monk doctor」她將離世，無法再見。這位挪威老太太的事讓弟子深感動容，能在她臨終之前介紹師佛與真佛宗給她，並在她的心中播下佛法的種子，實屬難得的緣分。弟子已為她修法迴向，並報名師佛主持的超度法會，願她能得以往生淨土，超生出苦。

此外，奧斯陸已有人皈依真佛宗和實修真佛密法，這是一個值得慶祝的進展！我常向他們介紹師佛的事蹟與教法，並指導他們修四加行。他們現在已經能在線上報名參加師佛主持的護摩法會。當得知我將搬遷到西雅圖時，許多病人捨不得與我告別，有的甚至抱著新生的孩子來求加持。每次遇到這樣的情況，我都默默祈願師佛放光加持他們。

我深覺這一切極具意義，作為眾生與師佛之間的橋樑，我將師佛的書籍贈送給他們，並留下西雅圖雷藏寺的聯繫方式與地址，期盼他們能夠在未來有緣見到師佛。

三、弟子經常在奧斯陸佛羅格納區的Vestre Gravlund墓地修法。

這片六十英畝的墓地是挪威最大的墓園。我喜愛在這樣的環境中修行，因為這裡安靜祥和，遠離日常生活的紛擾，能夠幫助我沉澱心境，專心修行。尤其師佛最近常說：「生命如風中之燭，富貴如天上浮雲，愛情如閃電，名望如泡沫，人生如幻如夢。」這番話猶如警鐘長鳴，讓我更加警覺無常的迅速變化。

每當我看到墓碑上的名字，心中便不禁生出深深的感慨。每一個人，都曾是別人的子女，後來又成為別人的父母、朋友或師長。這些角色看似固定，實則無常變化。看似是同一個人，實則可能是任何一個人。

師佛常問我們：「阿誰是誰？」在思考這個問題時，我意識到，在這不斷輪迴的舞台上，我們不斷地扮演各種角色，但最終，觀者又是誰？導演又是誰？佛性無所不在，無限顯現。雖然萬象化生，但行者若能覺察其中的「不生不滅」，便能得到師佛送的一朵花，一笑永恆（其實上，得也不得，從真起用）。

四、自從在西雅圖二〇二二年秋季阿彌陀佛超度大法會學習了師佛的千艘法船超度法門後，弟子便在師佛法身和諸佛菩薩的指引下，開始在墓地依照師佛所示修行超度儀軌。弟子深知自己的力量有限，只有依賴師佛無盡的威神力，才能真正幫助眾生得度。因此，除了修習師佛所示的超度儀軌，我特別帶領眾靈一同誦念「根本上師心咒」。只要祂們虔誠誦念，即便只是一句，也能得到解脫。修法時，耶穌和佩戴十字架的天使（我曾親見耀眼的十字記號）也會降臨，因為這些靈魂生前多為基督徒。

在這個超度過程中，有許多神奇的景象。我曾親眼見到一隻眾靈化為的鹿從我面前經過，隨後消失無影（奧斯陸市中心不會有鹿出現）。奧斯陸下過幾場大雪後，眾靈們在空中互相投擲雪球，樂此不疲。當雪球在空中飛舞時，有的還不小心打中了樹枝，樹上的雪隨即紛紛掉落，覆蓋在大地上，增添了一份如夢似幻的景象。祂們在師佛和諸尊（尤其瑤池金母、虎頭金剛、西方三聖、地藏王菩薩、蓮華生大士）無上的加持下，沐浴在淨光中得到了救度。此地亦有空行聚會所，明月當空，主尊與萬千空行母在虛空中與園區中雄偉的大樹樹梢翩翩起舞。

寫到此處，弟子衷心希望能早日到西城，照顧師佛與師母，哪怕只為您們減輕一點疲憊，增添一點舒適。唯有佛父佛母，方能利益無量無邊的眾生。

祝

吉祥如意

蓮屹合十

給「蓮屹」寫一首詩：

「挪威」濟世已多年，

身在何處是前緣，

但，

只是歲月添。

欲界、色界、無色界，

令你見見小嬋娟，

但淂悟境，

從今而後不會偏。

那裡的師佛，
這裡的師佛，
就算歸來，
風物也依舊，
不增不減！
但念初心，
菩提花開已在前。

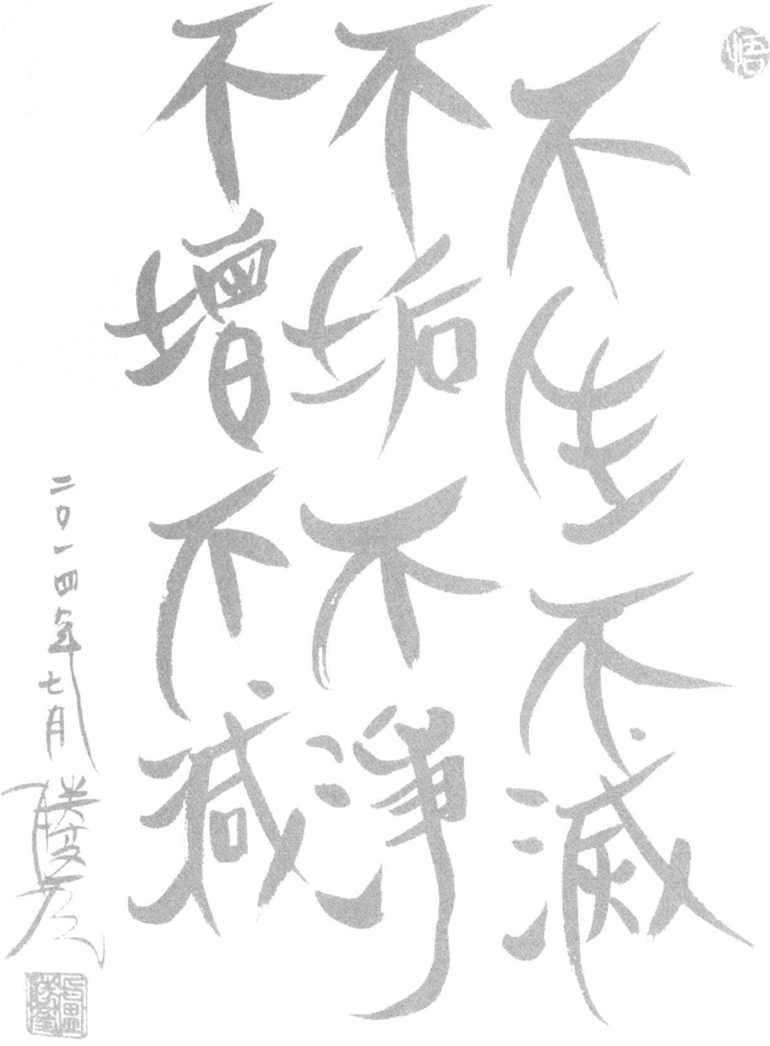
不生不滅
不垢不淨
不增不減
二〇一四年七月

「蓮花曉光」之見

關於去一四〇空行聖地的感應：

頂禮敬愛的師尊：

祝師尊身體健康，天天快樂。

因弟子近期感冒生病了，未能及時匯報，還請師尊見諒。

一、成群烏鴉的鳴叫：

那天弟子在問事結束後，準備去機場回洛杉磯。期間蓮勻法師叫我送她回家，到達後，正當我們相互道別時，忽然見附近的樹林中有近百隻烏鴉狂鳴，我們都覺得很詫異。此時，弟子忽然萌生起要去一四〇聖地去朝聖的念頭。（因此次時間匆忙，本來沒有安排去一四〇聖地的行程。）隨之一股思念家人的感覺頓時油然而生，於是驅車開往一四〇聖地。

二、虛空中空行母的顯現：

在前往一四〇聖地的途中，睜眼看到虛空中有一尊像瑪吉拉尊者樣子的空行母在看著弟子。

三、樹林前諸尊的加持：

弟子通過自己的直覺，及打電話向蓮彥上師咨詢，找到了聖地的一個點，在一片樹林面前停下，此時，抬頭可見虛空中出現了蓮師、空行母諸尊，這裏的空行母較多。弟子頂禮時，聽到有聲音講：歡迎你回來，希望你每次來西雅圖時都來這裏聚一聚，弟子心中一股暖流頓時湧上心頭，當即回應是好，並表示感恩。由於時間匆促，準備去機場，所以弟子很快離開了。

四、感覺空行母的跟隨：

在去機場的路上，弟子感覺身旁似乎有一雙眼睛在隨時注視著自己，應該是空行母吧，而且此次在機場遇到的幾個困難都很容易的解決了。

五、護法在家裏的示現：

在回到家裏的當晚，空行母有在虛空中顯化，囑咐弟子，目前弟子同空行聖地的接觸是初級的，還要經過考驗通過後才可進一步接觸。同時強調師尊的根本傳承最重要，四加行、上師、本尊法是主幹，空行傳承是輔助，是可遇而不可求的，切莫捨本求末，切莫追求神通，從大愛和包容修起。

以上即弟子所見所聞，特向師尊匯報

祝師尊安康

弟子 蓮花曉光跪拜頂禮

頂禮敬愛的師尊：

祝師尊身體健康、長壽自在

弟子承蒙師尊厚愛，屢次叫弟子出來見證，不勝感激。

這裏有件事須向師尊解釋，

近期師尊叫弟子出來見證時，看到弟子有寫在紙上。弟子澄清，那不是弟子事先杜撰的，而是弟子一邊禪定觀察，一邊出定記下的。因為弟子記憶不好，怕忘記重要的內容，才採用這種方法保證見證的質量。旁邊坐著的老菩薩，煉丹的師姐她們都看到的。弟子這樣做也是對師尊叫弟子出來見證的重視。

弟子之所以出來見證，不圖名利，只想讓大家看到師尊在靈界最真實的一面，讓大家明白師尊的心，讓那些誹謗師尊的謊言破滅。所以無論師尊叫不叫我出來，我都會認真的準備，隨時聽候師尊的召喚，這是我做為弟子應盡的義務。

以下是最近幾次特殊的感應特向師尊匯報：

一、釋迦摩尼佛護摩法會的一些感應：

1.佛陀與師尊的對話：

佛陀說：「盧勝彥，你每天這麼忙，你不覺得辛苦嗎？」

師尊回答：「不會呀，我覺得很好啊。為了眾生，我無怨無悔。」

2.師尊對弟子們的期許：

師尊講：「我也有煩惱，但我會轉念，當念頭來的時候，我可以瞬間轉化，這是修無念的重要口訣呀，我希望我的弟子能跟我一樣，學會轉念。」

3.無能勝者的寶冠：

看到佛陀將一頂珠光璀璨的寶冠給師尊戴上，寶冠的樣子像地藏王菩薩戴的五佛冠的款式，上面鑲嵌滿了鑽石和珠寶，頂上有一顆大的紅色摩尼寶珠。弟子聽到耳邊有聲音講：只有真正圓滿覺性的大成就者才會獲得此寶冠，古往今來，得之者甚少。

4.佛陀的讚偈：

由於弟子精力有限，未能記下全部，只能憑記憶勉強記住了一些（可能文字準確度有些出入，還請師尊明鑒）：

無上稀有大成就聖者蓮生佛，

今已證得最圓滿覺性智慧果，

第三句想不起來了。

但願乘願再來度眾生千萬億。

5.佛陀對主祈的感嘆：

佛陀對師尊講：「這世間的人，不知道什麼是真正的珍寶，能夠做我的護摩主祈的人，其實是非常有福的，我會加持其速速成就佛果，儘早開悟，獲得無上正等正覺，了脫生死。哎，可惜啊，沒幾個人懂啊。」

6.關於師尊目前叫很多弟子出來見證的緣由示現：

在師尊入三摩地時，弟子看到師尊身上現出了很多道白色耀眼的光芒，飛向四面八方，每一道光裏，坐著一尊師尊的法身。祂們在找那些與空行傳承有緣的弟子。

此時，耳旁有聲音講，師尊近期多次叫他們出來見證，除了增加大眾對真佛密法的信心外，另有二個含義：

一是儘快找到那些當初隨師尊來人間的，這批與空行傳承有緣的弟子，為他們日後修行提供最好的助力，以助其迅速成就。

二是希望這些人為未來真佛宗的發展，盡一份力，期許他們能成為延續法脈的中堅力量。

二、上次瑤池金母護摩見證的補充：

因上次師尊叫弟子起來做見證時，弟子的精神狀態不太好，遺漏了一個重要的內容，現回憶起來，特補充如下：

1. 瑤池金母的金缽甘露：

看到瑤池金母手托一個金色的缽，遞給師尊，說：「這是仙界的長壽甘露，你把它喝了吧，它可以治百病，可讓你身強體健，精力充沛。」

師尊說：「這麼好啊，可不可以同時賜給我的聖弟子啊，他們也需要啊。」

金母說：「不行，這是給你的，你先喝了吧，他們的以後再說。」

師尊說：「任何好的東西我都願意分享給我的聖弟子，祈求您日後別忘記賜甘露給他們。」

金母慈悲的點點頭，在此弟子萬分感恩師尊的慈悲。

弟子斗膽猜測，此次藥王度母賜福大眾甘露，不知是否與此有關。

三、元旦日「一見真佛」直播師尊加持的特殊感應：

1.親身體驗師尊超度替代的覺受：

弟子每天都在電視機前接受淑一師姐直播師尊的加持。

在元旦日的加持中，弟子正閉眼凝神接受師尊的加持，突然感覺整個身子被吸入電視機內，然後似乎進入一個旋轉的時空隧道，一剎那間來到了師尊的面前，而此時，只見師尊身子突然一轉，一下子進入弟子的身體，即刻融為一體。一時間弟子的自身意識不見了，感覺自己就是師尊。

忽然間頓覺周身如同被億萬根像針灸用的細針扎透骨髓的痛覺，弟子頓感痛不欲生，根本無法忍受。就在此時，耳邊響起了師尊的聲音：「你以為超度替代那麼簡單嗎？你感覺一下試試看！」

弟子當下幾乎失聲痛哭，原來師尊為了超度眾生要付出這麼大的痛苦，我們再不好好修行，真的是對不起師尊啊！

此念頭生出時，弟子與師尊突然分離，又從電視機內飛回到現實中的自己身體裏。

弟子再次感恩師尊對眾生的慈悲，師尊每天的千艘法船真的太辛苦了。請您多保重，別太勞累了。

以上即近期的匯報，祝師尊安康

弟子
蓮花曉光跪拜頂禮

西雅圖朝聖之旅

二〇二四年的耶誕節，我和先生倆在西雅圖和真佛宗創辦人蓮生活佛及上師法師同們一塊度過；比起想像中的好玩，原來佛堂也不一定是時時刻刻嚴肅鬱悶的。這次旅行似乎是命中註定的，因為它徹底改變了我的人生，使得我在修行路上更堅固，更相信自己了。

真佛密苑的問事奇談

我丈夫（蓮花博學）今次一來，除了想修行以外，還有一事。就是想請示師尊關於他正在製作的多傑雄登電影專案。我本不打算問事，因為一般自己的問題都會自己解決，再加上師尊的排程非常緊湊。但先生堅持要我抓緊此機會，即使不問，讓師尊親自加持也好。我就想了個事兒，讓師尊為我健康加持吧！讓我在未來能生個高靈性孩子，佛子也好，或至少是個有智慧、健康的孩子。

當我在密苑向佛龕頂禮時，不知為何，眼淚突然落下。我什麼也沒想啊，也還未說完自己法號，眼淚就已經無法控制了。胸膛一股熱氣。

而且那段時間我都處在很快樂的狀態，也沒什麼傷心事。當我還在努力控制自己的眼淚時，師尊的隨身侍者蓮麒上師從身後出現了；讓我們準備進問事房。我自小是個哭時躲起來的人，愛面子，不願意讓人看見。見我這副狀態，蓮麒上師給了我一個一無反常的表情，就像他很清楚我當下發生了什麼事一樣。他說：「哦，我知道，這很正常。」我心想：「什麼？他怎麼不問我為什麼？」

進入問事間，我倆正向師尊頂禮之時，師尊微笑地說：「妳好像是有感應的，手拿來我看一下。」同時，蓮麒上師輕聲說到：「剛剛好像是瑤池金母要喚醒妳。」當下的我一頭霧水。師尊仔細檢查我的右手掌心，指著某處向上師說：「你看，她手上是有那個印記的，但不是很深。」再過一會，師尊問到：「妳是不是很多地方不能去？很敏感。」我點點頭說：「是的師尊，有些地方去了整天都不舒服。」跪在一旁的先生也開始檢查自己的手掌心。師尊接著說：「好…很好，你可以讓蓮喜上師帶你們到空行母基地去修一壇法，到彩虹山莊那裡去，跟她約個時間。」我震驚了一下，心想：「我的願望之一達成了！」我先生連忙說到：

「對，師尊，我老婆一直都想去那個森林打坐。」接著師尊又說：「另外一隻手拿來我看。」我換了一隻手讓師尊檢查。頓時，先生伸出他的右手問到：「師尊在看的是這條線嗎？」師尊一看：「哦！你也有噢。」祂笑了一笑。接著就是其餘的個人的隱私了。就這樣，我倆就安排了第二天到彩虹山莊空行基地和上師一起修法。

空行母基地

到了彩虹山莊，我們與蓮喜上師一同步入了那片我一直夢寐以求的高靈氣森林，坐著我最享受做的事情—打坐。這也是我們在這片森林的第一次修法。

繞完佛塔後，蓮喜上師讓我們坐下。我倆坐向著蓮花童子和師孋菩薩佛像，不久後，當我正在試圖入三摩地時，上師開始說起了她廣為人知的天語：非常可愛淘氣。幸福快樂的感覺開始湧現，在我內眼裡，天邊的無形眾生和一些小生物似乎在我周圍隱隱約約地現出著。我就像個新生兒到了新學校，見到了很多同類，但不熟悉，反正祂們有得也長得奇形怪狀的。我也不敢肯定自己所看到的，算了，還是保持深呼吸，不與祂們互動。

突然，師尊和師嬤的法身出現在眼前，巨大得如雪山裡的大腳怪獸，金邊白衣，莊嚴從容，給人一種充滿自信的感覺。頓時，胸口的那股熱流又來了，完了，眼淚就像在真佛密苑時那樣再次湧出。這次來得更猛，完全無法抑制。算了吧，就讓再多一個人（蓮喜上師）見到我哭，其實也沒什麼，反正都是人。

接著，上師開始拍打我的頭頂和第三眼部位。我還是保持著閉眼盤坐狀態。她拍得越多，我感覺越輕，她拍打的那股勁就像個男人。但她還在保持著講天語，我也還在哭得稀哩嘩啦的。顯然，祂們在試圖喚醒我；儘管我聽不明白，但心中還是感覺到她的用意。

之後，她又繞著我轉了一圈，用她高亢的空行母聲音多次說「妳是Hashi！哦！妳是Hashi！」。說了好幾回後，接著是一串我不太確定的句子。她似乎在告訴我是「Hashi」。但當下的我好無頭緒。「誰是Hashi？」我邊哭邊想。突然，上師也開始哭起來，並再次三百六十度繞著我拍打我頭頂。「啊……（哭泣）上師相應法沒修啊！為什麼上師相應法沒有天天修?!」蓮喜上師用她那顫抖的男聲說到，我沒反應。

頓時，慈悲的觀音和金母出現在師尊和師嬤的法身後。我祈求祂們幫助我身邊的人，尤其是我家人，渴望他們早日得到靈性成長、啓蒙，不再為世俗所惑，生活更和諧、更瀟灑、無恐懼。我內視已在與師尊的法身對話了，師尊的法身莊嚴地微笑著回答：「嗯……只要每天做功課，一切都會越來越好。」我抬頭看著祂那明亮四射的雙眼，祂給了我一種很理解我內心感受的感覺，非常自信、誠懇。周圍的無形眾生還在狂歡、玩樂，也有來安慰我的，但我還是沒與祂們互動，全程只在哭泣著跟法身對話。

突然，我聽到了颳風落葉的聲音。強大的憤怒感，就像是某個金剛護法。當時還不確定是哪尊（但蓮喜上師在結束後告訴我那是大黑天）。我哭得更厲害，眼淚不停地飆。我聽見左邊上師用粵語大聲說：「出去！你們不屬於這裡！離開她！」我偷偷地睜眼一望，上師比著浩瀚強大的手勢，背向我。再次閉上眼，聽見她又說：「一……二……三……四！五！出！」上師威武地站了起來，我聽見了她衣服的沙沙聲。突然，她跪下在我身旁，問到：「你愛師尊嗎？」我好奇了一下：「啊～？」試圖睜開眼，幾乎都看不清楚了，視線模糊。「我是師尊。」上師說到。那一刻，我百分百肯定了拍打我的就是師尊。我點頭吞吞吐吐地說到：「愛。」。她回答：「那你想跟著師尊一起修行嗎？」我抽泣著，幾乎說不出話了，結結巴巴地回答：「這是我的榮幸。」她回答：「很好。」

接著，我再次閉上眼，上師來到我右側，她繼續行法。我試圖停止哭泣，已經感覺到臉部的腫脹了。深呼吸，聽著上師那可愛神聖的天語，此時此刻，情緒也慢慢地可以掌握到了，只剩下抽泣。我睜開眼一看，四周一片寧靜，神聖偉大的松樹林，師尊、師嬤、觀音和金母的法身依然還在空中漂浮著。蓮喜上師蹲在地上，跟小眾生一塊在玩土，我一看就笑了。毫不猶豫地，我再次閉上眼睛試圖冥想。哦！眼淚又再次湧現，天啊，我快受不了我自己了，拼了命地深呼吸。

頓時，大力強風再次狂歡，很冷，內眼模糊地看見一隻棕色蛇狀的生物：「難道是龍？」先生突然一旁說到：「有隻黑龍！很巨大很巨大！」我愣了一下，原來他也看到哦！我說：「是褐色的。」上師（師尊法身）接著說：「因為我在，所以祂們來了。不是一條而已，有很多。」

接著，上師突然在我身後不遠處大聲地：「南無三十六萬億一十一萬九千五百同名同號阿彌陀佛」三次。我睜開眼轉頭一看，風颳向我和坐在一旁的丈夫，很冰涼，丈夫看了我一眼，同情的眼神，他邊在持咒。我倆看著上師雙臂威武的張開著，面向遠處的天空和山脈。頓時的我知道一切諸佛菩薩金剛護法都到了，就在天邊。強烈明亮的白金光，距離有點遠，但似乎也有天仙聖賢僧類的，具體不是很清晰。

接著，我又回到盤坐的冥想姿勢，享受這不可思議幸福的片刻，很珍惜。原來從小到大一直所相信的終於確定了，很感動。由於我父系家人都是虔誠的基督教徒，一直很反對母親帶我們去佛堂。但父親很尊重，從來不阻止。六歲時，我看著我從佛堂請回家的春節蓮花蠟燭燈偷偷地被堂姐扭斷，很傷人。因為那是對當時的我來說是非常珍貴的物品。一年就一次，畢竟九十年代蓮花燈並不像現在來的普遍，也特別貴，哈哈！

接著就輪到丈夫與上師的階段了。我想我的部分已經夠長了，那就到此為止唄。關於我先生的部分，可以去看他文章。此時此刻，我也還在試圖消化這一次旅程所發生的，也許在我下一次閉關時會有更多答案吧。當然，我不急於答案，因為有信心，答案遲早會來。乖乖進修，該幹嘛就幹嘛，不求於多，只求當下，自在，助他，就足矣。

兩小時多過去了，天黑了，修法結束。我們三人同行回到彩虹大殿時，蓮喜上師問我：「妳不是七歲就已經受皈依灌頂了嗎？」頓時的我愣住了。「哈？」我回答。隔了一段時間，冷靜下來以後，我再問上師「上師您是怎麼知道的？」她回答「不是我，是師尊的法身說的。」我心想，我卻是在大約十年前跟丈夫說過我小時候有被蓮生活佛摩過頂，只不確定那時的我是幾歲。如今，竟能在彩虹雷藏寺親耳聽見這句話，我傻掉了。

總額來說，這次神聖的體驗使我對師尊和真佛宗有了更深奧的認識和信心。再多的言語也無法描述此次的感應。不管我前世是誰，今世仍然與大家一樣，有未完成的功課要做。在師尊的加持，空行護法神眾、佛菩薩的加持下，我相信只要堅持不懈，我一定會持續步步登高。感謝大家！阿彌陀佛。

馬來西亞蓮花妍蓉合十

二〇二四年十二月二十五日

殊勝的《真佛經》

文／冰果

自從因病動手術後，在養病中日子過得特別慢，傷口疼痛、復原緩慢也很難熬，於是想給自己特別訂一項功課，想起師尊曾經說過，師尊很少叫人家唸《真佛經》，除非是到了沒辦法的時候才會那樣：「你唸《真佛經》。因為《真佛經》是由一個真正的金剛上師的內心裡面流露出來的經典，自然顯現的一個經典，這經典本身的力量非常的大，加持力非常的強，傳承加持力很強，你唸了，可以幫助你本身的相應成就，而且可以看見，看得到的，是非常有感應的。這也是祕密啊！』因此我取了張四九九遍咒數的計數紙就開始誦《真佛經》。唸著唸著，越來越感受到《真佛經》的偉大，就借拙筆跟大家分享一番。

《真實佛法息災賜福經》（《真佛經》）的祈請文，已經是真佛弟子最重要的功課，盧師尊在文集二七五《解脫道口訣》的序文就曾經寫道：

「這篇短短的祈請文，不可小視，若能在修法前持誦一篇，功德深如海，法力高如須彌山，這祈請文，若能每日持誦，亦能顯現不可思議之力。其功德力如下：

一、佛現金身。二、光明遍照。三、亡者升天。四、疾病消除。五、苦厄解脫。六、業障減免。七、福份增長。八、智慧具足。九、所求如願。十、速得成就。（這祈請文，是很重要的口訣）。」

另外，有弟子問師尊：「我當如何招待盧師尊？」師尊說：「你每日唸祈請文一次，就是招待盧師尊！」所以，唸祈請文就是在事師，師尊怎可能不到呢？

《真佛經》的開場，有如一部舞台劇般華麗，第一幕便出現無比瑰麗的摩訶雙蓮池的美景，先是十八大蓮花童子出場，個個放出不同顏色的光。師尊曾經說明，唸《真佛經》可觀想真佛海會，那畫面、妙音、芬香就令人非常愉悅了。接下來，各別蓮花童子放出不同顏色的光，師尊說：「蓮花童子的光，就是蓮花童子的能量，也就是阿彌陀如來的能量！」我們就沐浴在各色光的能量中，接受：大慧光、法界光、萬寶光、降伏光、行願光、端嚴光、果德光、福足光、童真光的加持，讓自己福慧具足、受法力加持、得到法寶、降伏貪瞋癡、發菩提心、莊嚴又累積功德，且有童趣的快樂，這加持真的樣樣齊全啊！

然後，帝釋天請大白蓮花童子轉法輪，提醒了我們也要請佛住世長轉法輪。蓮花童子開始說法時，又帶我們一一去了許多佛的淨土，接著來到真佛世界，並提醒我們明白因緣果報的道理。而眾佛菩薩的讚偈不只描述了蓮花童子下凡的偉大過程，也提醒我們要發願護持蓮花童子。

這時，《真佛經》的主軸就出現了：修行以無念為正覺佛寶。身淸淨。口淸淨。意淸淨為法寶。依眞佛上師為僧寶—我們平時就要修習無念，因為在臨終的一刻，唯有無念，才能夠定，師尊說在無念時馬上會有宇宙的法流給自己灌頂，臨終時這明光出現我們才能專一的認取明光，被攝受回歸淨土。密教就是把三業轉成三密，師尊曾經說：身口意清淨，自然成佛。因此這最重要的成佛口訣，在平時就要時時演練，唸《真佛經》更是一種特別的提醒和加持。更重要的是，密教的根本傳承上師代表了十方世界一切諸佛菩薩的身口意，依止根本傳承上師，是最最重要的！師尊文集一〇五《彩虹山莊的飄雪》〈如何分辨佛經的真偽〉寫道：

『《真佛經》其中「身清淨、口清淨、意清淨」，就是「諸法無我」的清淨；「無念為正覺佛寶，就是「涅槃寂靜」之意。』這一段，真的是師尊所傳的重要的大口訣！

之後，是如何修持念誦供養禮拜《真佛經》，唸《真佛經》地表最強的時候是在每個農曆十八、蓮花童子聖誕五月十八和自己的生日，如果再加上供養，虔誠祈禱，更是所求如願。

如果你不知如何迴向，這一段細說《真佛經》利益的經文就有各項迴向：從富裕之人的所求，《真佛經》是增益的大福寶經、能超度受苦的亡靈、能除病消災解厄、能讓官非退散、甚至能讓戰爭熄滅！師尊有言：「有病的，會消除；有業障的，會消除；冤親債主都會沒有，這都是最好的了，這裡面有入世的資糧，也有出世的資糧。」在這裡也提到，如果不僅自己念誦《真佛經》，能夠助印流通《真佛經》，更是大大的功德，師尊也說印送《真佛經》，感應會很快！

《真佛經》還有個殊勝的功德——曾經有弟子問要唸多少遍的《真

佛經》才能夠往生摩訶雙蓮池、盧師尊在法座上請示佛菩薩，佛菩薩說二百萬遍的《真佛經》就能夠往生摩訶雙蓮池！另外，盧師尊教導：每天唸《真佛經》七遍，就可以解除降頭！而平時有唸《真佛經》的人，在緊急的時候唸「《真佛經》救命」，《真佛經》裡面所有的蓮花童子也會幫你！最最最殊勝的是，盧師尊言：「唸《真佛經》的人，最終往生摩訶雙蓮池，生前就有記號可以往生到摩訶雙蓮池！」

最後，還是得以師尊在第五十九冊文集《真佛法語》的法句來形容《真佛經》的殊勝：

『山河大地，森羅萬象，所在的一切全在《真佛經》之中。

這是：

圓通無礙，

即理即事；

即一即多，

即依即正。

要知道啊！蓮花童子是佛的化身之一，是依報，也是正報，變化無窮的，常變化大地河山來養育眾生，而《真佛經》是變化的「如意寶珠」，是照耀眾生的，不可思議啊！眾生信受奉行，就有無量無盡的功德！』

二〇二四年十一月二十八日

「蓮慈」的讚嘆

頂禮最慈悲尊貴的人天大導師根本傳承上師蓮生佛

恭賀師佛、師母二〇二五年新年平安喜樂大吉祥！

近期師佛在周六、日的同修和法會中，頻頻當眾演示空行與弟子們的互動感應神蹟，在場眾等在驚嘆之餘，也難免迷思。弟子就自身多年的體驗，深思之餘，由衷發出以下感想：

師佛點出二處神祕的空行基地：一在彩虹雷藏寺生基和師嬤觀音處；一在一四〇公路處。經師佛頻頻問去過弟子們的感應，果真不斷有弟子們或感應到空行，或互動交流，甚至得到空行開發前世記憶者，比比皆是。如師佛問我，我心中最想回答的是：我眼中見到的是您的慈顏；耳中恆轉的是您的法語；身中七輪三脈因您而伸展綻放；內境或細如點點閃爍星光，或大如月亮般若光，是您示現的空行諸聖淨土；您那廣闊無垠氣勢磅礡的宇宙能量場，令多生多世牢不可破的輪迴封印，一一解封消杳；師佛法身，諸佛菩薩空行護法諸天十法界法身，伴我永在不二，寂寂涅槃，法爾本然……。

回顧師佛這一生的傳法度眾，精湛絕倫，看似恣意揮灑，冥冥中是有次第軌跡可尋，上自諸佛菩薩祖師外法、內法、無上密、大圓滿法教，總攝密教紅黃白花四教密意，下至眼前不經意間又傳出的空行法教傳承。蓮生聖尊大白蓮花童子蓮生佛，當今之世，難出其右！您賜給末法時代有緣皈依追隨修法者的是，取之不盡，修之不盡的成就瑰寶！

弟子只有無盡的讚嘆讚嘆再讚嘆，感恩感恩再感恩，再次敬祝師佛、師母健康快樂，新年平安吉祥！

加拿大溫哥華弟子蓮慈頂禮叩拜

二〇二四年十二月二十九日

蓮花白白佛前懺悔

事由

弟子蓮花白白於數日前因肺癌末期確診而入院台北榮總準備治療。自皈依師尊後，學習到「往昔所造諸惡業，皆由無始貪瞋癡；從身語意之所生，一切我今皆懺悔」的道理，在此跪求師尊接受弟子一心之懺悔以消弟子所造諸惡業，並懇求師尊以弟子參與建造「真佛般若藏」之功德超度弟子的累世冤親債主及纏身靈。祈願祂們在師尊的公證下接受弟子誠心的懺悔，並在師尊的超度下往生佛國淨土。

緣起

弟子蓮花白白自幼多病，大學時期失去左眼視力，原因不明。自此之後右眼也時不時的被遮蔽而無法看見。

二〇一二年間，弟子曾經失去雙眼達三十分鐘之久。戒慎恐懼下，弟子參加聖尊主壇西雅圖不空羂索觀音護摩法會主祈尋求解冤超度，會後弟子得聖尊親身加持後，這個現象（失去兩眼視力長達三十分鐘）自此消失。為了感謝師恩，弟子偕同先生曹在西雅圖鼎泰豐為聖尊慶生。當晚師尊寫下〈曹如是說〉一文並發表於《又一番雨過》一書。

二〇一五年有真佛弟子以此文為由請示電子書的未來，聖尊於同年九月定名並授權周律師與我等三人「真佛般若藏」出版事業電子化。二〇一七年網站正式開站以推廣聖尊所傳之法。此乃「真佛般若藏」之濫觴。

若非聖尊慈悲大加持，弟子累世的冤親債主及纏身靈又心存善念，雖高高舉起卻願意暫時輕輕放下，為弟子保下一眼，弟子將無緣參與「真佛般若藏」之完成。

感恩

弟子在此叩謝佛恩，允許弟子戴罪立功，為聖尊的法輪永轉貢獻一份心意。

弟子皈依隔日清晨及往後六日，師尊出現在弟子夢中親自教導弟子七堂課：

覺林菩薩偈：師尊在夢中親自教弟子背誦覺林菩薩偈，自此不忘

大悲是幻，住不得（不住有為）

大喜是幻，住不得（不住無為）

不論自在或驚惶，時時憶念本尊
親情緣起緣滅，隨緣盡心不執著
愛情緣起緣滅，隨緣平等對待不執著
帶弟子回看近身追隨師尊的多世緣分與師尊隨緣開示的神通遊戲

如今想來，歷歷在目。這寶貴的七堂課，一直指引著自己的人生態度。

今年六月，弟子有幸得到師母親邀、師尊親自導覽南山雅舍，並有幸親聞聖尊「不二」之開示，深感此生足已。

如今弟子深知自己罪業深重，不知還有多少歲月可以在尊前繼續服務貢獻。請師尊在此受弟子五體投地三拜，叩謝隆隆師恩。

懺悔

近幾個月在美飽受止痛藥也無濟於事的背痛煎熬，回台希望能調整治療，得以舒緩解脫；卻在抵台第一天進台北榮總急診，發現自己已是擴散至骨頭的肺癌四期！在一夕之間由正常人轉成重症患者。這重症來得如此猛爆、迅雷不及掩耳，令我駭然：這該是怎樣天地難容的罪孽造成纏身靈、冤親債主痛苦至極、無以宣洩的憤怒！我震驚自己竟曾這般惡劣冷血，更羞愧自己造成這般巨大的傷害而不自知！

於病床上痛到反徹無法入眠時，我深切感受到祂們因我而受到的痛，深陷艱難痛苦輾轉輪迴，不得解脫。弟子嚎啕大哭，哭師尊對我這般罪孽深重的弟子無差別的厚愛與慈悲加持，也哭祂們受傷如此深卻良善的留我一隻能見光明的眼睛與一絲慧命，得以為師尊的般若藏貢獻所學。

弟子蓮花白白，至心懺悔，自從無始，至於今日，所有有心無心所造大小諸惡。

惟願師尊、三寶，同賜哀憐，令我罪根，一念霜融，悉皆清淨；令我累世冤親債主及纏身靈得以從恨與痛的輪迴中解脫。

迴向

今日弟子蓮花白白在佛前懺悔，願將弟子成就「真佛般若藏」之功德，全數迴向給自己累世的冤親債主及纏身靈。並懇求聖尊超度祂們並為弟子調解冤仇。祈願祂們在聖尊的公證下接受弟子誠心的懺悔，並在聖尊的超度下往生淨土，一起皈依師佛，從這無邊痛苦的輪迴中解脫，得大自在！

蓮瀝的供養

親愛的師尊：

這是一封寫給您的信。緣起是：上週護摩法會開示時，您點名我回答問題。您問我，「在空行祕密基地受到加持以後，獲得了怎樣的智慧？」當時我太緊張了，答非所問。因此，我帶著懺悔與感恩的心，希望能在此重新回應您的問題。

這封信的內容，來回修改了三次。因此，這封信一方面是回答您，我得到了哪些智慧；另一方面，也希望能將我的心意供養給您！

蓮瀝頂禮

二〇二四年十二月十五日

一位瑜伽士的愛

親愛的師尊！

遇見您之前，我迷失了方向。我四處奔波，試圖為自己在這世界上的存在找到意義。我不斷質問：「我為何而來？我將往何方？」在內心深處，我一直在尋找一位根本上師、一個可以皈依的對象。

親愛的師尊！

在過去世中，我曾是瑜伽士和喇嘛。我的天性是降伏一切，有時我瘋狂，有時我憤怒；更經常的是兼具兩者，如我前世曾是個瘋癲的瑜伽士——對或錯並不重要，我只想知道接下來會發生什麼。

親愛的師尊！

娑婆世界是個遊樂場，而我正在其中玩耍。經歷了無數輪迴，我依然尚未滿足，似乎總有某些缺憾。

親愛的師尊！

我的心渴望終極的成就。我從「有」裡參，也從「空」裡參，直到我遇見了您。遇見您以後，一切才顯得如斯真實、令人信服！

親愛的師尊！

我起初以膚淺的態度開始修行，滿懷希望與夢想。在靈性修行的種種徵兆與驗相中，我不斷回到您身邊尋求確認。即便如此，我仍然不滿足……直到有一天，您對我說：「你肯定可以獲得成就！」

親愛的師尊！

您的獅子吼徹底改變了我的格局與步調。我變得更加沉穩，順應生命的流動。今年秋天的那兩個月裡，我每天都能見到您。我獲得了迄今為止最大的加持。

親愛的師尊！

您的教導如此不可思議！有一次，您指點我閱讀一本關於某位密乘瑜伽士的書，這給了我在修行道路上莫大的啓發。我慢慢開始理解，這正是您為我指引的道路。

親愛的師尊！

身處在您的大曼荼羅中，發生什麼都不稀奇。以瑜伽士的方式來行持，意味著將見聞覺知的一切，都視為道路。有段時間，我以為自己將成為一位學問僧——直到我遇見空行母的那一天。

親愛的師尊！

現在我明白為何大成就者總是得到空行母的護持，祂們帶給我好多的洞見與愛。

親愛的師尊！

從前的我，性情剛硬充滿稜角。然而，我開始學習如何去愛、並接受被愛，我正在學習愛眾生。我在自身與眾生當中，找到了佛性的作用——只是存在。當下即是！

親愛的師尊！

感謝您以及空行母的加持，祂們為我指引光明與可行的道路。曾經我對愛視若無睹，如今我堅信愛的力量！過去，我以過度膚淺的態度來看待您。現在，我只想無條件地愛您！

親愛的師尊！

我花了將近八年才找到您，很高興現在能與您在一起，您的生活豐富多彩，而我希望您能繼續保持快樂、無拘無束。您是我最敬仰的瑜伽士，一位真正的大成就者。

親愛的師尊！

我愛您。

「粵粵」的自述

最敬愛的師尊：

您好！弟子是香港的蓮粵（譚廣輝），一心頂禮根本傳承上師蓮生佛！為了自己近期得到的修行啓示，謹向師佛報告如下：

在二〇二五年一月一日凌晨，弟子於自家佛壇前，誠心祈求三根本及諸尊加持及指引。在定中得三天女指示，弟子修持『時輪金剛法』已經第七世，今生有望即身成佛。

在當天清晨，夢到自己因可即身成佛，誠心去到根本上師面前祈求給予授記。夢中師佛卻當眾認證弟子說：『你是第一世大寶法王的轉世，今生是第七次轉世，但在你過往的發願裡，今生尚要興建一間寺廟！』因為弟子實在是太意外，不敢相信及感到猶疑，並沒有即時回應。師佛很激動及傷心的責罵弟子：『你為什麼沒有勇氣及信心當下承認？』弟子內心誠惶誠恐，之後夢醒。

在夢示後七日的早上，弟子如常獨自駕車到公司上班的途中，一路持誦『時輪金剛及青春女神的合咒』，突然清楚聽到車廂內有一位男子（感覺是時輪金剛）大聲跟弟子說：『要創業！』

在兩日後，再次夢到師佛跟弟子說：『你的前世是第一世大寶法王！』六日後，又夢到師佛在西雅圖雷藏寺同修時，跟眾弟子說已認證香港一位弟子是第一世大寶法王轉世，已經轉世七次，幾日後，再夢到弟子到西雅圖真佛密苑問事，師佛面對面認證弟子是第一世大寶法王轉世。

為確認以上一切是佛菩薩指示還是修法障礙，故請潘芝琳師姐於一月二十五日向師佛代問。獲指示弟子的確是第一世大寶法王轉世，將會寫在書上。自那天開始，弟子時常感到自己頂戴無形的黑色寶冠。在一月三十日清晨。夢到師公十六世大寶法王噶瑪巴對師佛說，你要留意有一弟子是第一世大寶法王轉世，要將他視如心子般教導。

弟子回觀自己跟白教的緣分，就是師佛白教的傳承，及自己特別敬重及喜歡密勒日巴祖師及岡波巴祖師，弟子自小所有的化名都是『岡波巴』，但就從沒有研讀第一世大寶法王杜松虔巴的文章。弟子查看祂的傳記，發現祂是「薩惹哈」轉世，曾在努賈寺跟隨帕佳洛巴上師學習時輪金剛法，並建立了冷古寺、康瑪寺、噶瑪貢寺、達拉岡波寺及祖普寺（歷代噶瑪巴和噶舉傳承的祖廟）。祂開悟時，空行母以頭髮織成一頂黑色金剛寶冠為供養，此冠乃象徵噶瑪巴對真如佛性之證悟。噶瑪巴被視為觀世音菩薩的化身，而釋迦牟尼佛曾於《三摩地王經》授記祂為「具佛事業者」，將繼彌勒佛之後，以第六佛「獅子吼佛」之名號示現娑婆。

如果弟子跟杜松虔巴祖師有所連繫，以愚弟子有限的智慧去分析，因世尊早已給「噶瑪巴」授記為「獅子吼佛」，所以師佛在夢中並沒有給弟子授記。而無形聲音指示弟子的『要創業』及夢示要建廟的誓願，是想喚醒弟子『要開始行佛陀事業』。因為「噶瑪巴」的意思即是「行佛陀事業的聖者」！

弟子得悉師佛確認自己與杜松虔巴祖師的關係後，不敢產生一點貢高我慢的念頭，因為佛菩薩分靈眾多，很多同門的來歷比自己高，修為比自己好。弟子認為，今生如何能夠成功超脫輪迴及利益更多的眾生才最重要！反而自己有一點壓力，以現在的家庭狀況及普通的在家居士身份，弟子要如何開展佛行事業…特別是自己時常感到頂戴的無形黑色寶冠，它是繼承了九百多年的一種使命感，如何才能做到可跟杜松虔巴祖師一樣出色。

但是，弟子真心願意傳承殊勝的真佛密法給更多眾生，從十二歲初皈依到現在已經四十年了，弟子盡力學習師佛的一切，一直的願望都是『即身成佛，廣度眾生』。希望能分享自己的修行經驗給其他同門，減少大家走彎路的機會，幫助更多眾生成就。特別是自己修持多年的不共大法『蓮花童子金剛相應法』、『時輪金剛法』及『三天女法』，但願未來可以弘揚十方！

明白師佛及佛菩薩因有重要及急切的啓示才再三提醒弟子，祈求師佛慈悲指引！一切遵從根本上師的指示及安排，不敢妄求！

最後，懇請師佛接受弟子一家懺悔，因俗務纏身未能參加春季大法會及親身問事。祈望能早日再到西雅圖親近師佛，向師佛求法！

祈願師尊及師母新春快樂，身體安康，永遠快樂自在！

祝願師尊主持的春季大法會一切吉祥順利，如意圓滿！
謹此，一心頂禮感恩 師佛！祝佛安！

愚弟子蓮粵（譚廣輝）

我（盧師尊）寫一偈，給「粵粵」師兄：

日角香江暫時住
筆下風生時
應化青雲去度世
昔日法王自己是
弘法事業安排起
須走度生路
令天上人間
人人皆有安身處
明白前世就自主

變化生涯
重新
去化妝

法王作家及畫家介紹

書寫般若智、畫境悉地遊、濃淡疏密間、動靜現禪緣

簡介：法王畫家與作家~~真佛宗創辦人蓮生活佛盧勝彥

蓮生活佛獲得道顯密傳承，創立眞佛宗的源起：

- 一九六九年於台灣台中玉皇宮受瑤池金母開天眼，開啟了不同的人生。
- 一九六九~一九七二靈師三山九侯先生授法、皈依印順導師、了鳴和尚清真道長（得到中密及藏密紅教大法傳承），接受道顯密法的傳承。
- 一九八一年皈依白教大寶法王受大秘密圓滿灌頂。
- 一九八二年六月十六日赴美，此後三年閉關學法、修行，禪定中蓮華生大士教授大圓滿法、釋迦牟尼佛摩頂授記公開作者為蓮花童子轉世、彌勒菩薩賜戴紅冠。
- 一九八三年皈依黃教吐登達爾吉上師、花教薩迦證空上師。
- 一九八四年改名靈仙真佛宗為真佛宗。
- 一九八六年三月十九日（農曆二月十日）圓頂出家。

蓮生活佛盧勝彥是一位畫家

蓮生活佛被譽為「書畫奇才」，一九九三年五十歲才開始學習書畫，師從中國國畫嶺南畫派大師趙少昂的傳人朱慕蘭女士，學畫首年即發行第一本畫冊《胡亂塗鴉集》，而後發展自成一家，不論抽象、意象畫作，揮灑自如。書法則是返樸歸真、大巧若拙之境界，蓮生活佛作畫一如中觀修行，不偏不倚，卻隨性自在。他以書畫傳遞禪機與佛法，是當代能將藝術、心靈、佛法完美融合的第一人。

蓮生活佛盧勝彥更是一位著作等「樓」的作家

蓮生活佛盧勝彥文集有多元題材，他日日寫作數十年不輟，精進與毅力不同凡響。

蓮生活佛的創作大致可分以下幾個時期：

文藝時期（一九四五～一九六八）——以詩集、散文展露創作頭角。

• 一九六七年第一本創作《淡煙集》問世——自喻園丁種下創作的幼苗。

學法時期（一九六九～一九八四）——以靈學、道法、密法創作吸引世人眼光。

• 一九七五年推出第一本靈書《靈機神算漫談》（第十六冊），造成轟動。

• 一九八三年從第四十五冊《坐禪通明法》傳授密法的書籍開始公諸於世。

弘法時期（一九八五～一九八八）——融合道顯密傳承，自創真佛密法，普傳於世。

• 一九八六年真佛大法——第六三冊《真佛祕中祕》普現於世。

遊方時期（一九八九～二〇〇〇）——行腳世界，全球弘法，旅遊見聞全紀錄。

• 一九九二年五月著作完成第一百本文集—實現世人眼中的不可能。

隱居時期（二〇〇一～二〇〇六）——著書傳法未曾間歇，師徒情誼由此維繫。

• 二〇〇二年十月第一本小說體著作——第一五九冊文集《那老爹的心事》。

出關後大轉法輪時期（二〇〇七～至今）——明心見性，大樂開悟，書中盡顯般若哲思。

• 二〇〇八年五月文字著作數量達第二百本——《開悟一片片》。

• 二〇二四年六月創作數量邁向新里程碑，第三百本——《回歸星河》

二〇一七年二月十二日法王創作全面電子化—財團法人真佛般若藏文教基金會正式誕生

「電子科技正當紅，書也蕭索、紙也易溶，恐怕未來轉頭空，上下古今雖是同，又風、又雨，落花流水忽西東，將來大密法如何立巔峰，欲順、欲逆，但看聖弟子的征鴻」，這是二〇一二年十月作者蓮生活佛在其二三〇冊文集《又一番雨過》中，曾為文提及因應時代科技的趨勢，對著書弘法形式走向電子化有著高度的期許。二〇一五年九月電子書開始籌備，二〇一七年成立「財團法人真佛般若藏文教基金會」，憑藉專業規畫一個具有圖書館及聊天室的概念，加上讓作者和讀者、讀者和讀者間可以雙向溝通討論的元素，讓虛擬網路建置成為有情世界的平台，「真佛般若藏」電子書網站(www.tbboyeh.org)，因此應運而生，而且能無遠佛屆的將蓮生活佛創作傳遞世界各個角落。

二〇二〇年二月財團法人真佛般若藏文教基金會，將蓮生活佛盧勝彥文集，虛實整合（電子與紙本發行工作的整合），負責法王所有創作蒐集、整理、管理及發行工作。

二〇二四年六月，實現書畫合一理念，以蓮生活佛畫作作為封面設計元素，將蓮生活佛盧勝彥文集，全面重新校對、繪製手印、更新封面再版完成。並訂於法王作家及畫家蓮生活佛八秩壽誕日，正式將三百本蓮生活佛盧勝彥文集成套發行。

為何要皈依？

人們為什麼要找尋皈依呢？因為聖典上說得很明白，「恐懼」與「庇護」其實就是皈依的兩顆種子。簡單的說，一切眾生都有恐懼的本能，因為恐懼就要尋求「庇護」，而得到「庇護」就是要「依怙」，就是找到依止的「皈依」。

而真正能「庇護」眾生者，一定是一位已經完全從恐懼與痛苦煩惱中解脫的人，而這種人就是「佛」，一個完全得正覺，能夠教導人們脫離煩惱的人。

原則上，世人要皈依的對象，必須是：

一、完全從恐懼煩惱中解脫的聖者。

二、具有解脫他人痛苦的大神通聖者。

三、對一切眾生具有慈悲心，有大誓願度眾生的聖者。

四、事理均開悟的聖者。

何謂皈依？

「皈依」等於是一個註冊的儀式，而佛因為你的註冊，就要指引你進入佛法寶藏領域的門。

佛要指引你達到完全解脫煩惱痛苦。

法是修行的功課，就是指引的路，唯一路徑。

僧是修行的助力，修行要有道侶。

為什麼蓮生活佛是值得您選擇皈依的對象？

至於皈依蓮生活佛「紅冠聖冕金剛上師盧勝彥密行尊者」，是因為這位聖者，已經來回「摩訶雙蓮池」淨土無數次。在佛法浩瀚廣大的領域中，他能夠指點你如何走，由一位明心見性的金剛上師來指導，可以解除你的懈怠及迷惑。因此，蓮生活佛就是你應該皈依的對象。

（以上摘錄自蓮生活佛盧勝彥文集第86冊《光影騰輝》第19章〈真佛宗皈依再說明〉）

要入「真佛宗」修持「真佛密法」，一定要先皈依，受灌頂，這樣才算是正式入門。要皈依蓮生活佛，取得「真佛宗」的傳承，該如何辦理？

一、親來皈依：先連絡好時間，由世界各地飛到美國西雅圖雷門市的「真佛密苑」，或依蓮生活佛弘法所在的地方，由蓮生活佛親自灌頂皈依。皈依灌頂之後，蓮生活佛會頒發皈依證書，根本上師法相及修持法本，如此便是取得「傳承」。

二、寫信皈依：欲皈依者，因遍布全世界各角落，親來皈依不容易。因此欲皈依的弟子，只要在農曆初一或十五日的清晨七時，面對太陽昇起的方向合掌，恭念四皈依咒：「南摩古魯貝。南摩不達耶。南摩達摩耶。南摩僧伽耶。蓮生活佛指引。皈依真佛。」三遍。念三遍拜三拜。（一次即可）。在自己家中做完儀式的弟子，祇需寫信列上自己真實「姓名」、「地址」、「年齡」，隨意附上少許供佛費，信中註明是「求皈依灌頂」，然後寄到美國的「真佛密苑」、「真佛宗世界宗務委員會辦事處」（詳如下述）。或直接上宗委會網站（https：//truebuddhaschool.org/formrefuge）填寫皈依申請。

蓮生活佛會每逢初一或十五，便在「真佛密苑」舉行「隔空遙灌」的儀式，給無法親到的弟子遙灌頂。然後會給大家寄上「皈依證書」及上師法相，同時指示從何法修起。這即是取得「蓮生活佛」的傳承。

三、至真佛宗各分堂所在地請求協助皈依。（真佛宗的各地分堂分布於全世界）

※未皈依者，亦可耐心先持「蓮花童子心咒」，有所心神領會或感應，再來求皈依灌頂。短咒：「嗡。古魯。蓮生悉地吽。」長咒：「嗡啞吽。古魯貝。啞呵薩沙嗎哈。蓮生悉地吽。」

蓮生活佛盧勝彥「真佛密苑」的地址：

Master Sheng-Yen Lu
17102 NE 40th CT. Redmond, WA 98052-5479 U.S.A.

真佛宗世界宗務委員會辦事處地址：

True Buddha Foundation
17110 NE 40th CT. Redmond, WA 98052-5479 U.S.A.
Tel：（425）885-7573　Fax：（425）883-2173
Email：tbsblessing@gmail.com

台灣雷藏寺

地址：54264 台灣南投縣草屯鎮山腳里蓮生巷 100 號
No. 100, Lane LianSheng, Shanjiao Village, Tsao-Tun Township, Nantou County, Taiwan, 54264, R.O.C.
Tel：+886-49-2312992　Fax：+886-49-2350801

供養蓮生活佛除郵寄「真佛密苑」外，其他方式：

銀行匯款單填寫匯款用途，請填寫：贈予、供養。

英文的匯款用途，PAYMENT DETAIL

請填寫：GIFT-OFFERING

銀行名稱(Bank Name)：Bank of America

銀行地址(BanK Address)：10572 NE 4 St Bellevue WA 98004 U.S.A.

銀行匯款代碼(Swift Code)：BOFAUS3N

銀行分行代碼(Routing Number)：026009593

受款人(Beneficiary Name)：Sheng yen Lu

受款人地址(Address)：17102 NE 40th Ct Redmond WA. 98052 U.S.A.

受款人帳號(Account Number)：1381 2709 7512

蓮生活佛盧勝彥文集

真佛般若藏
tbboyeh.org

全套再版紙本書
推廣助印及贊助

由真佛般若藏重新編輯再版，讓蓮生活佛的五十餘年創作能夠完整呈現，也是廣大讀者長期以來所殷切期盼。

此次文集全套再版設計編輯，結合書、畫的製作發行，就是讓世人知道蓮生活佛是當代能將佛法與藝術結合的第一人。

蓮生活佛盧勝彥文集紙本書及電子書之發行，自第 277 冊開始二合一，由財團法人真佛般若藏文教基金會統籌負責。

紙本書在台灣發行除了可至金石堂等各大書局訂購之外，為服務廣大各國讀者，真佛般若藏特別設立了網路訂購平台，可直接訂購蓮生活佛盧勝彥最新文集以及全套再版紙本書，訂購平台上也納入了多項由蓮生活佛盧勝彥創作所衍生的周邊贈品，歡迎您的推廣與贊助。

真佛般若藏網路訂購平台
www.tbboyeh.org/cht#/order

除了可在www.tbboyeh.org/cht#/order網路線上贊助之外，這裡也提供了贊助匯款帳號：

海外訂購或贊助匯款

帳戶戶名：財團法人真佛般若藏文教基金會

帳號：062087040548

銀行名稱：國泰世華銀行大同分行

Account name : TBBOYEH FOUNDATION

Account number : 0000062087040548

Bank Name : Cathay United Bank (013)

Branch : Tatung Branch (062)

Bank Address : No. 7, Songren Road Taipei City

Swift Code : UWCBTWTP

台灣地區贊助匯款

帳戶戶名：財團法人真佛般若藏文教基金會

帳號：062-03-500524-8

銀行名稱：國泰世華銀行(013)大同分行(062)

銀行地址：台北市重慶北路二段50號

郵局劃撥帳號：5043-7713

戶名：財團法人真佛般若藏文教基金會

如需任何協助，請洽publisher@tbboyeh.org

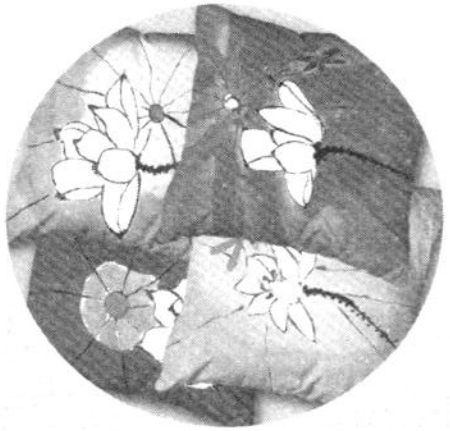
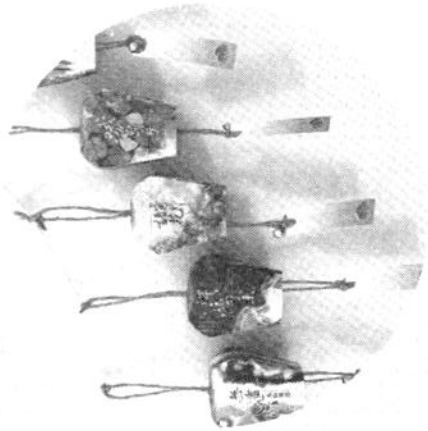

蓮生活佛盧勝彥文集全目錄 第001冊～082冊

蓮生活佛盧勝彥文集全目錄 第083冊～165冊

蓮生活佛盧勝彥文集㊣目錄 第166冊～248冊

蓮生活佛盧勝彥文集全目錄 第249冊~至今

持續創作中……

蓮生活佛盧勝彥文集　第305集

西雅圖的冰點 Seattle's Freezing Point

天女散花集

作者：盧勝彥
出版者：財團法人真佛般若藏文教基金會
地址：新北市三重區興德路117號5F
網址：https：//www.tbboyeh.org
電子郵件信箱：publisher@tbboyeh.org
聯絡方式：
電話：+886-2-2999-0469
電話：+886-2-8512-3080
傳真：+886-2-8512-3090
封面原畫：盧勝彥
封面設計：張守雷
印刷：寶得利紙品業有限公司
法律顧問：周慧芳律師
初版：2025年06月
ISBN：978-626-7497-16-6
定價：新臺幣260元（平裝）

國家圖書館出版品預行編目資料

西雅圖的冰點　：　天女散花集 / 盧勝彥作. — 初版. —
新北市　：　財團法人眞佛般若藏文教基金會,2025.06
面：　公分
ISBN 978-626-7497-16-6(平裝)
1.佛教修持
225.87　　114004437

人生共如此，
只是萍相逢；
何不學金仙，
逍遙無生死。

～蓮生活佛盧勝彥

財團法人

真佛般若藏

妙智慧的總集 明心見性由此開始

如來藏
二〇一四年五月